NFTs
Non Fungible Token

Einführung
Investition
Aufbewahrung

Eine Einführung in das komplexe Thema der Non Fungible Token (NFT)

Ein Leitfaden zur Bewertung einzelner NFT Projekte und Handelsstrategien

Tipps und Tricks

DISCLAIMER / HAFTUNGSAUSSCHLUSS

Sämtliche Informationen in diesem Buch dienen zu Ihrer Information und zeigen ausschließlich wie ich vorgehe. Diese Informationen sind weder Kaufempfehlungen noch eine Anlageberatung.
Für Investitionen tragen Sie die alleinige die Haftung.
Sie müssen jederzeit damit rechnen, dass Ihre Investition wertlos werden kann.
Investieren Sie nur so viel wie Sie bei einem Totalverlust verkraften können.
Bevor Sie investieren, informieren Sie sich bei einem zertifizierten Finanz- und Anlageberater.

1. Auflage
29.10.2021

Inhalt

Über den Autor

Ich bewege mich seit 2016 im Bereich der Kryptowährungen und Blockchain Technologie.
Angefangen habe ich mit den gängigen Kryptowährungen und habe 2017 in ein paar ausgewählte ICOs (Initial Coin Offerings) investiert.
Nach und nach begann ich mich für die diversen Anwendungen zu interessieren, die am Entstehen waren. So kam ich zu den virtuellen Welten und kaufte frühzeitig einige Grundstücke. Später wendete ich mich den NFT Kunstwerken zu und begann mich intensiv mit ihnen zu beschäftigen.
In der Zwischenzeit setzte ich mich mit zensurresistenten Webseiten auseinander und verfolgte aufmerksam die Entwicklung der Klarnamen Wallet Adressen.
Ein weiteres spannendes Thema sind Identitätsprotokolle die auf einer Blockchain laufen und so die eigenen Daten wieder unter Kontrolle bringen.
Während diesen unterschiedlichen Aktivitäten kamen selbstredend die Collectibles nie zu kurz. Wobei ich anfangs eher eine Buy-and-Hold-Strategie verfolgte und kaum handelte. Das hat sich mittlerweile geändert.
Zwischenzeitlich habe ich mich an der Blockchain Academy zum Blockchain Professional zertifizieren lassen und bin zertifizierter Krypto Finanz Experte (CCFE) der Wirtschaftshochschule Zürich.
Ich betreibe ein kleines Beratungsunternehmen rund um die Themen Kryptowährungen, Blockchain Technologie und deren Anwendungen. (**www.dezentrale.at**) Einen YouTube Kanal gibt es auch noch. Dort veröffentliche ich Videos zu den Themen Wirtschaft, Blockchain und Kryptowährungen.
Zu guter Letzt habe ich 2020 ein Buch veröffentlicht, welches die Zusammenhänge der Währungspolitik und dem Aufgehen der Schere zwischen Arm und Reich beleuchtet. (Money talks)

NFTs
Eine Einführung

Dieses Buch ist unvollständig! Aufgrund der extremen Dynamik und der nahezu unendlichen Zahl an unterschiedlichen NFT Projekten, ist es nicht einmal ansatzweise möglich, alle NFT Kategorien sowie deren Unterkategorien und Nischen zu beleuchten. Die Bewertungen und die gezeigten Strategien lassen sich jedoch auch auf andere Formen von NFTs anwenden.

Es herrscht immer noch ein großes Unverständnis in der breiten Bevölkerung, bezogen auf Kryptowährungen und insbesondere bezogen auf NFTs. Mit diesem Buch möchte ich einen kleinen Beitrag zum Verständnis beitragen.

In einer Kultur von Copy-and-Paste können Bilder, Musikstücke, Filme und vieles mehr, mit wenigen Tastaturanschlägen auf den eigenen Rechner übertragen werden. Damit ergibt es für Außenstehende keinen Grund warum sie für so etwas bezahlen sollten.
Das ist grundsätzlich korrekt, doch das geht auch mit dem Bild der Mona Lisa oder anderen bekannten Werken. Man könnte auch einen Fälscher beauftragen ein gewünschtes Bild zu fälschen, um sich dieses danach ins Wohnzimmer zu hängen. Doch das bedeutet auch, dass Sie demnach im Besitz einer nahezu wertlosen Kopie sind. Einmal abgesehen vom Können und der investierten Zeit des Fälschers.
Genau jetzt beginnen aber die Probleme, falls Sie mit Gemälden und Kunstwerken handeln wollen. Woher wissen Sie, ob das Gemälde, die Skulptur oder der Kunstgegenstand echt ist? Wie können Sie mit einfachen Mitteln nachweisen, dass Ihr Kunstwerk das Original ist?

Sie ahnen es bereits, so einfach ist das nicht. Sie können sich auf Ihre eigene Expertise verlassen, oder jemanden hinzuziehen welcher über die Expertise verfügt, aber zu 100 % können Sie nie sicher sein. Nehmen wir zum Beispiel Wolfgang Beltracchi. Er und seine Mitstreiter haben Fälschungen im Wert von rund 16 Mio. Euro verkauft ohne das es ein Experte gemerkt hat.

Dieselben Personen, die das nicht nachvollziehen können, echauffieren sich darüber, dass große Internetkonzerne mit ihren Daten viel Geld verdienen. Sobald es um den eigenen Besitz geht, die Daten, sieht die Sache offenbar ganz anders aus.

Mit der Blockchain Technologie und Smart Contracts ist es erstmals möglich Besitzansprüche auf einzelne digitale Güter zu validieren und verifizieren.
Sie benötigen ein internetfähiges Gerät, PC, Laptop oder Smartphone und eine Internetverbindung. Innerhalb von maximal fünf Minuten wissen Sie, ob Ihr NFT ein Original oder eine Kopie/ Fälschung ist. Es bleiben keine Zweifel und Sie haben eine wirklich 100 % Sicherheit.
Doch die Möglichkeiten der NFTs sind weit umfangreicher, über NFTs lassen sich genauso gut echte Gegenstände wie Immobilien, Wertpapiere, Fahrzeuge und vieles mehr abbilden.
Nehmen wir etwa die Finanzierung eines Mehrfamilienhauses. Sie können zu Ihrer Bank gehen und unter Einreichung von Bauplänen, Kosten-Nutzen-Rechnungen, Einnahmeprognosen, usw. einen Kredit zur Finanzierung beantragen. Anschließend kommen die ganzen Behördengänge und schlussendlich steht ihr Gebäude. Allein die Kosten, die nichts mit der eigentlichen Bautätigkeit zu tun haben, sind immens. Anwälte, Notare, Gebühren und vieles mehr. Einige von Ihnen, werte Leser, mögen diese Erfahrung im Zuge des Eigenheims bereits gemacht haben.

Doch sehen wir uns jetzt einmal den Status quo an.
Sie sind abhängig von der Bank, die Ihnen die Immobilie finanziert hat.
Wenn Sie verkaufen möchten, müssen Sie Ihre Bank fragen.
Sie müssen einen Käufer finden, kurz Sie sind illiquide, da Ihr Vermögen bis zu einem Verkauf in der Immobilie steckt.
Beim Verkauf gehen die diversen Behördengänge wieder von vorne los und ein beträchtlicher Betrag fließt zu Anwälten und Notaren. So funktionieren die Abläufe in etwa im heutigen System.
Jetzt zeige ich Ihnen ein mögliches neues System.
Sie verkaufen Anteile Ihrer zukünftigen Immobilie in Form von NFTs. Ein NFT könnte einen Quadratmeter repräsentieren. Natürlich müssen Sie auch in diesem Fall Ihr Bauprojekt vorstellen und präsentieren sowie die nötigen Unterlagen für die Berechnungen vorlegen. Das brauchen Sie, um Investoren zu finden.
Die Investoren verifizieren sich mit ihren Daten-NFTs auf der Blockchain und können NFTs Ihrer Immobilie beziehen.
Nachdem die Finanzierung steht und das Gebäude fertig ist und Mieteinnahmen generiert werden, werden die Investoren pro gehaltenem NFT an den Einnahmen beteiligt.
Was hat sich somit geändert?
Als Erstes sind Sie wesentlich liquider, da die NFTs jederzeit gehandelt werden können. Sie können weitere NFTs auf dem Markt kaufen, um Ihren Anteil zu erhöhen oder alle NFTs verkaufen und eventuell ein neues Immobilienprojekt in Angriff nehmen.
Den Aufwand mit Behörden, Anwälten, Notaren und allen anderen beteiligte Institutionen, reduziert sich auf ein Minimum. Alle Immobilien relevanten Daten sind im Smart Contract gespeichert, die Daten der Besitzer über deren Walletadressen und Daten-NFTs hinterlegt. Das ganze unveränderlich auf der Blockchain.
Das war jetzt nur eine sehr verkürzte Darstellung, sollte aber zum Verständnis ausreichen.

Utopie? Ganz und gar nicht. Seit 2018 können Sie über die REAL Plattform in thailändische Immobilien investieren und werden monatlich an den Mieteinnahmen beziehungsweise Verkaufsgewinnen beteiligt.

Doch um solche Anwendungen soll es in diesem Buch nicht gehen. Ich konzentriere mich auf die Collectibles, mit kleinen Ausreißern zu den Kunst NFTs und virtuelle Welten.
Doch auch hier geht es um Investitionen. Sei das in Künstler via Kunst NFTs oder in Projekte via Collectibles.
Sie werden staunen wie viele unterschiedliche Ziele von NFT Projekten verfolgt werden. Das reicht von simplen Community NFTs, gewissermaßen Abzeichen seiner Lieblingsmannschaft, bis hin zu Projekten die den Frauen und Mädchen in Afghanistan helfen wollen. Die Bandbreite ist nahezu unendlich.
Lassen Sie sich von den, teilweise infantilen, Bildchen auf den NFTs nicht täuschen, hinter vielen dieser Bildchen stecken ernsthafte innovative Projekte, die einen Beitrag zum Umwelt- oder Tierschutz erbringen, die benachteiligten Menschen helfen wollen, die Mobilität verändern oder das Bankenwesen auf den Kopf stellen.
Bei den Kunst NFTs unterstützen Sie die jeweiligen Künstler direkt ohne Umwege. Sie erhalten ein unkompliziert zu verifizierendes Original Kunstwerk, signiert im Smart Contract. Das hat nichts mehr mit einer wertlosen Copy-and-Paste JPG. Datei zu tun.

Die Frage, die im Zusammenhang mit NFTs von Außenstehenden oft gestellt wird ist: „Woher kommt der Wert dieser NFTs?“
Der Wert kommt, wie bei allem, von außen. Er beruht zu einem Großteil auf Vertrauen und auf Angebot und Nachfrage.

Sie kaufen einen Gegenstand nur dann, wenn sich Ihre Lage nach dem Kauf für Sie verbessert hat. Sie bezahlen auch nur den Preis, den Sie als angemessen empfinden, abhängig von der von Ihnen gewünschten Verbesserung.
Als Beispiel:
Sie möchten sich einen neuen Akkustaubsauger zulegen. Die Verbesserung auf Ihrer Seite wird ein schnelleres und besseres saugen Ihrer Wohnung sein, somit eine Zeitersparnis. Je nachdem wie viel Ihnen diese Verbesserung wert ist, werden Sie die maximale Höhe des Kaufpreises festlegen. Der Wert des Staubsaugers wird ihm demnach von Ihnen zugewiesen. Je mehr Ihnen diese Verbesserung wert ist, umso mehr werden Sie für den Staubsauger zu bezahlen bereit sein.

Fast identisch verhält es sich bei den NFTs. Wie viel ist es Ihnen wert einer Gemeinschaft anzugehören, also Ihrer Lieblingsmannschaft? Wie viel ist es Ihnen wert einen Beitrag zum Umweltschutz zu erbringen? Was ist Ihnen der Besitz eines Kunstwerks vom NFT Künstler XY wert? Die Gründe dafür sind unzählig und sehr individuell.
Bei den NFTs und allen anderen spekulativen Anlageformen spielen auch Erwartungen, in Form von Wertsteigerungen, eine große Rolle. Also die Verbesserung Ihrer Situation in der Zukunft. Auch hier wägen Sie ab wie viel Ihnen das Risiko wert ist, respektive wie groß Ihre Erfolgschancen sind.
Diese Chancen Bewertung kommt auch von außen und bestimmt wie viel Sie bereit sind für diese Erfolgschancen zu investieren.
Ein weiterer Aspekt, der in die Preise mit einfließt, ist auch ein sehr persönlicher: „Gefällt Ihnen das Bild auf dem NFT"?
Wenn das Bild des NFTs Ihr jeweiliges Profilfoto in den sozialen Medien sein soll, so haben Sie ganz eigene Vorstellungen wie dieses NFT Bild Sie repräsentieren soll, wie wollen Sie wahrgenommen werden?

Sie haben sich für ein NFT Projekt entschieden und somit Ihre Lieblingsmannschaft gefunden. Doch in Ihrer Lieblingsmannschaft gibt es bis zu 10´000 unterschiedliche Charaktere in Form von unterschiedlichen NFT Bildern. Sie werden sich daher einen NFT aussuchen mit dem Sie sich identifizieren können. Sie werden den NFT auswählen der die von Ihnen gewünschte Botschaft nach außen transportiert. Doch das muss nicht immer der günstigste NFT sein. Sie werden auch hier abwägen, ob der Preis der angestrebten Verbesserung gerecht wird.

Ähnlich verhält es sich bei den Bluechip NFTs. Das sind NFT Projekte die sich etabliert haben und einen Kultstatus genießen. Dass bedeutet aber auch, dass diese NFTs kostspielig sind. Dazu zählen unter anderem die Crypto Punks, der Bored Ape Yacht Club, die CyberKongz und noch einige mehr. Die Preise für diese NFTs starten bei rund 120`00 US-Dollar (Bored Ape Yacht Club) und gehen hoch bis in die Millionen. Diese NFTs sind Status Symbole. Sie sind die goldene Rolex oder der Supersportwagen in der NFT Welt. Ja, ein Crypto Punk ist **nur** ein Profilbild aber eine goldene Rolex zeigt auch **nur** die Zeit an und ein Supersportwagen bringt Sie **nur** von A nach B. Trotzdem haben Sie Ihre Berechtigung und werden gekauft.
Ob das ganze dem Einzelnen als sinnvoll erscheint oder nicht ist dabei völlig irrelevant.

Sie sehen der Wert wird auch den NFTs immer von außen durch die Akteure zugewiesen. Je mehr Akteure einem NFT einen Wert zuweisen, umso höher wird der Preis sein, da die NFTs nur begrenzt verfügbar sind. Das beruht ganz simpel auf Angebot und Nachfrage.
Wenig Angebot in Form von NFTs und viele Akteure, die dem NFT einen Wert zuweisen und ihn besitzen möchten, lassen die Preise steigen. Umgekehrt werden die Preise sinken.

Natürlich spielt die eigene finanzielle Situation in die Entscheidungsfindung mit hinein und natürlich sind es ganz individuelle Gründe, warum man sich einen NFT, eine goldene Rolex oder einen Supersportwagen kauft.

Über all dem liegt auch ein großer Anteil an persönlichem Vertrauen. Trauen Sie dem NFT Projekt zu, dass es die gesteckten Ziele erreicht. Vertrauen Sie dem Künstler, dass er nicht nach dem ersten Kunstwerk die Gewinne einstreicht und keine weiteren Werke erzeugt.
Dieses Vertrauen muss sich jeweils erarbeitet werden. Das funktioniert nur über Information, Kommunikation und Reputation.

Genau hier kommt das vorliegende Buch ins Spiel.
Ein umfangreicher Teil dieses Buches zeigt Ihnen wie sie an Informationen herankommen. Wie diese Informationen zu bewerten sind und wie es mit der Reputation aussieht.
Das Buch soll es Ihnen ermöglichen die Spreu vom Weizen zu trennen, interessante Projekte zu finden und gegebenenfalls zu investieren.

Im nächsten Kapitel finden Sie eine Erklärung zu zwei NFTs, die es sogar in die Nachrichten der öffentlich-rechtlichen Rundfunkgesellschaften geschafft haben. Es war sehr spannend zu beobachten wie schwer es, sowohl den jeweiligen Moderatoren, wie später auch in diversen Online-Foren den Konsumenten, fiel, das Geschehene zu verstehen.

Beeple und die Crypto Punks
Eine kurze Erklärung

Im Jahr 2020 nahmen die NFTs an Fahrt auf und waren zeitweise sogar ein Thema in den Mainstream Medien. Als „Everydays: The first 5000 Days“ von Beeple für über 69 Mio. Dollar von Christie's versteigert wurde, schaffte es diese Meldung in alle möglichen, Radio und TV-Stationen weltweit. Ein weiteres Mal kamen die NFTs 2021 in den Mainstream, als Sotheby's's den Crypto Punk #7523 für 11,8 Mio. Dollar versteigerte.
Doch, jetzt noch kurz ein paar Fakten zu Beeple's Everydays.
Das Kunstwerk ist eine Collage von 5000 Bildern, wobei der Käufer auch die einzelnen NFTs erhalten hat, aus denen die Collage besteht. Beeple hat täglich ein neues Kunstwerk erstellt, womit er rund 13,6 Jahre beschäftigt war. Wenn man nun noch die erzielten Preise eines „normalen“ Beeple NFTs heranzieht, dann relativieren sich die 69 Mio. Dollar plötzlich.
69´000´000.- geteilt durch 5000 einzelne Werke, ergibt einen Preis pro NFT von 13800.- Dollar.
Beeple NFTs werden ab rund 60´000.- Dollar gehandelt. Sie sehen der Käufer hat eine hervorragende Investition getätigt. Falls er alle 5000 NFTs durchschnittlich für 60`00.- verkaufen kann, macht er einen Gewinn von 231 Mio. Dollar. Der Käufer war weder dämlich noch anderweitig geistig beeinträchtigt.
Etwas anders verhält es sich bei den Crypto Punks. Es gibt 10´000 Stück von ihnen und jeder sieht anders aus. Die Einzigartigkeit beruht auf der Kombination von diversen Attributen wie etwa Geschlecht, Farbe, Haare oder Kopfbedeckung.
Aus diesen unterschiedlichen Kombinationen ergibt sich eine Rarrity (Seltenheit), will heißen, je nachdem wie die einzelnen Attribute auf einem NFT angeordnet, respektive überhaupt vorhanden sind, ergibt sich der Seltenheitswert.

Der Crypto Punk #7523 ist der dritt Seltenste. Das Lustige an den Crypto Punks ist die Tatsache, dass diese 2017 gratis gemintet (Herstellungsprozess) werden konnten. Die Crypto Punks sind die Urväter der sogenannten PfP (Picture for Profile) NFTs und haben in der Szene einen absoluten Kultstatus erreicht.
Dazu erfahren Sie in diesem Buch auch noch einiges mehr.

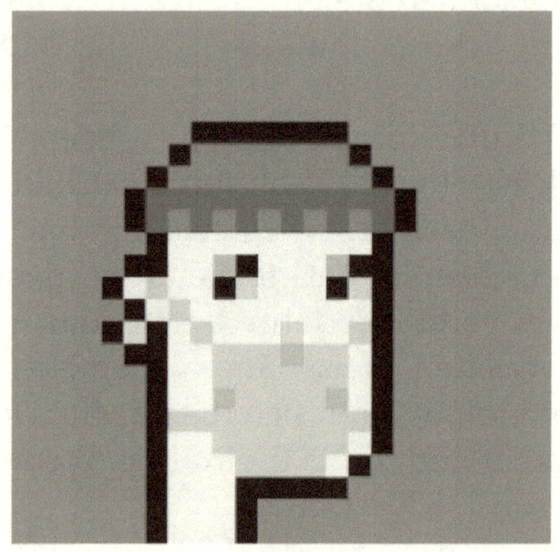

Crypto Punk
#7523

Erläuterung einiger Fachbegriffe

Bevor wir uns weiter in das Thema vertiefen ist es unerlässlich, dass Sie einige Begriffe und Abkürzungen kennen:

NFT
Non Fungible Token

Bezeichnet einen digitalen Gegenstand, der nicht austauschbar ist. Eine 1-Euro-Münze ist dagegen fungibel. Es ist völlig egal welche Münze ich verwende, sie hat immer den Gegenwert von einem Euro. Ein NFT ist ein Einzelstück, respektive auf eine kleine Anzahl beschränkt.

Blockchain

Beschreibt eine Datenbank, von welcher Kopien auf vielen Rechnern weltweit verteilt sind. Durch Mathematik und Kryptografie wird eine Manipulation der Datenbank verhindert. Das komplette Netzwerk steuert sich, beruhend auf Mathematik und Kryptografie, selbst. Es braucht keine dritte Instanz für die Koordination, Verifikation oder Validierung.
Im Bereich der NFTs muss die Blockchain Smart Contracts (schlaue Verträge) verarbeiten können. Die gängigsten sind Ethereum, Tron, Solana, Binance Smart Chain und Cardano. Wobei auf Ethereum mit Abstand die meisten NFTs vorhanden sind. (Stand Oktober 21)

Ethereum

Ist die erste Blockchain die es erlaubte Smart Contracts zu verarbeiten und zurzeit die zweitgrößte nach Marktkapitalisierung, hinter Bitcoin.

Smart Contracts

Die „schlauen Verträge" beruhen im Grunde auf einer einfachen, wenn/ dann Logik. **Wenn** ein bestimmtes Ereignis eintritt, **dann** wird eine Aktion ausgelöst. Durch die Kombination ebendieser simplen Logik lassen sich sehr aufwendige automatisierte Vorgänge programmieren.
Jeder NFT beruht auf einem Smart Contract.

Minting
Prägen/ eine Münze prägen

Ist die Bezeichnung für das Prägen neuer NFTs. Bei diesem Vorgang interagiert der Minter/ Präger/ Käufer direkt mit einem Smart Contract. Er bezahlt den Minting Preis und der Smart Contract transferiert im Gegenzug den neuen NFT in sein Wallet/ Brieftasche. Im Smart Contract ist, unter anderem, die maximale Anzahl der NFTs und der Mintpreis festgelegt. Normalerweise transferiert der Smart Contract nur einen nummerierten Platzhalter für den neuen NFT, erst später wird das eigentliche Bild auf dem NFT sichtbar (Revael)

Reveal
Zeigen/ offenbaren

Damit beim Mintingprozess niemand übervorteilt werden kann, indem jemand nur die seltenen NFTs minted, werden die NFT Bilder erst später aufgedeckt. Dadurch weiß kein Minter was er schlussendlich für ein Bild erhält und wie rar es ist.

Whitelist/ WL

Wer auf der White List steht, kann die neuen NFTs in einer Art Vorverkauf zu einem günstigeren Preis minten. Je nach NFT Projekt kommt man auf die WL, wenn man das Projekt bewirbt (Twitter, Discord), sich für die Community (Gemeinschaft) einsetzt, etwa indem man fleißig die Fragen von Neueinsteigern beantwortet und Hilfestellung bietet, oder bereits NFTs von befreundeten Projekten besitzt. Es gibt unzählige Möglichkeiten auf die WL zu kommen und sind vom jeweiligen NFT Projekt abhängig.

Pre-Sale
Vorverkauf

Am Pre-Sale können nur Mitglieder teilnehmen, die auf der White List stehen. Der Pre-Sale ist eine Belohnung für Community Mitglieder, die sich besonders verdient gemacht haben. Der Pre-Sale dauert normalerweise zwischen 12 und 24 Stunden. Die NFTs werden während dem Pre-Sale oft mit einem Rabatt angeboten.

Public-Sale
Öffentlicher Verkauf

Der Public-Sale beginnt kurz nach der Beendigung des Pre-Sales und jeder kann sich seine NFTs minten. Beim Public-Sale liegt der Mintingpreis höher als beim Pre-Sale. Als Beispiel 0.06 ETH beim Pre-Sale und 0.08 ETH beim Public-Sale. Sobald alle NFTs gemintet wurden und die maximale Anzahl der NFTs im Smart Contract erreicht ist, kann nicht mehr gemintet werden.

Secundary Market
Sekundär Markt

Sobald der Mintingprozess abgeschlossen ist, können NFTs nur noch auf dem sekundär Markt gekauft werden. Das ist vergleichbar mit einem ganz normalen Markt. Ein Verkäufer bietet seinen NFT zum Kauf an. Dabei kann er wählen, ob sein NFT mittels einer Versteigerung veräußert wird oder er gibt einen Fixpreis an. Falls man einen NFT kaufen möchte, der zurzeit nicht zum Verkauf steht, kann man dem Besitzer ein Angebot zukommen lassen.

Floor Price

Bezeichnet den aktuell tiefsten Preis eines zum Verkauf stehenden NFTs aus einer Kollektion.
Zum Beispiel 0.1 ETH für einen Crypto Punk. Der günstigste zurzeit erhältliche Krypto Punk kostet 0.1 ETH.

Drop
Fallen/ Fallen lassen

Ein Drop kommt zur Anwendung, wenn ein Künstler eines seiner Werke als NFT zum Kauf anbietet. Bei einem Drop kauft der Interessent direkt vom Künstler und kann sich natürlich das Kunstwerk in Ruhe vor dem Kauf ansehen. Er weiß demnach genau was er kauft. Normalerweise werden Drops, von den Plattformen auf denen der Drop stattfindet, ein paar Tage davor vorgestellt und angekündigt.

Paper Hands

Marktteilnehmer die ihre NFTs umgehend wieder verkaufen.

Auction
Auktion

Eine Möglichkeit der Künstler seine Werke zu dropen. Eine Auktion wird zumeist bei einem von einem Kunstwerk, also nur 1 Original, verwendet. Die Interessenten sehen jederzeit das aktuell höchste Gebot.

Silent Auction
Stille Auktion

Bei einer stillen Auktion sehen die Interessenten die Gebote nicht. Jeder kann ein Gebot abgeben, weiß aber nicht, ob es zu hoch oder zu tief ist. Nach Ablauf der Auktionsfrist gewinnt das höchste Gebot.

Dutch Auction
Auktion mit sinkendem Preis

Bei einer Dutch Auction wird ein Maximalpreis und ein Mindestpreis vor der Auktion bekannt gegeben. Auch die Gesamtdauer ist den Interessenten bekannt. Nach dem Start der Auktion sinkt der Preis kontinuierlich in vorher bestimmten Schritten, bis er nach der Gesamtdauer auf dem Mindestpreis ankommt. Die Interessenten können jederzeit das Gebot annehmen und das Kunstwerk kaufen.

Diamond Hands

Marktteilnehmer die ihre NFTs über eine längere Zeit halten.

Open/ Open Edition

Bei einer Open Edition handelt es sich um ein Kunstwerk mit einem fixen Preis. Es wird vorher ein Zeitfenster bekannt gegeben, in dem die Interessenten Kaufen können. Nach Ablauf der Frist werden genauso viele NFTs geminted wie im Zeitfenster bezahlt wurden. Man erkennt Open Editions an der Zahlenkombination, die bei jedem dieser NFTs angezeigt wird. Zum Beispiel 24/56, das wäre die Nummer 24 von 56 aus dieser Edition.

Drawing
Ziehung/ Auslosung

Beim Drawing bezahlt jeder Interessent einen kleinen Betrag, er kauft so gesehen ein Los. Nach Beendigung der Frist wird der Gewinner randomisiert gesucht und erhält das Kunstwerk.
Hochkaräter wie Beeple, Fvckrender oder Lushux dropen oft mit Drawings. Somit erhält der Gewinner für seinen Dollar Loseinsatz ein Kunstwerk mit einem Wert im fünf bis sechsstelligen Bereich. Die Künstler gehen dabei aber nicht leer aus, da oft bis zu 100´000 Lose verkauft werden.

Royality
Tantiemen

Viele NFTs haben eine Royality im Smart Contract hinterlegt. Die Royality wird immer in Prozent angegeben. Jedes Mal, wenn ein NFT auf dem sekundär Markt verkauft wird, geht der Royality-Prozentsatz zum Besitzer des Smart Contracts und somit zum Team des NFT Projektes. Die Royality wird jeweils vom Verkaufserlös abgezogen.

DAO/ Decentraliced Autonomus Organisation
Dezentrale autonome Organisation

Viele NFT Projekte streben eine DAO an oder haben sie bereits implementiert. Eine DAO ist im Prinzip mit einer direkten Demokratie in einem Unternehmen vergleichbar. Jeder, der einen NFT vom jeweiligen Projekt Besitz hat automatisch ein Stimmrecht. Gleichzeitig kann er auch Vorschläge einbringen, über die die anderen NFT Besitzer abstimmen können. Mit diesem System werden die Hierarchien von klassisch geführten Unternehmen nahezu abgeschafft.
Dadurch werden die NFT Besitzer an zukünftigen Entscheidungen beteiligt und erhöhen den Gemeinschaftsgedanken.

Whales
Wale

Wale sind Halter, die große Mengen einzelner NFTs halten. Dadurch sind sie in der Lage die NFT Preise zu beeinflussen. Sie können etwa einige Ihrer NFTs extrem günstig auf den Markt bringen und generieren so einen Preisdruck für andere Verkäufer. Die anderen Verkäufer müssen ihre Preise nach unten korrigieren oder können nicht verkaufen. Wurde genügend Preisdruck aufgebaut sinken die Durchschnittspreise und die Wale kaufen günstiger wieder ein und erhöhen damit ihren Bestand. Durch das übermäßige Einkaufen der Wale steigen die Preise wieder. Mit dieser Manipulation habe die Wale mehr NFTs akquiriert und gleichzeitig den Wert der zugekauften NFTs erhöht.

So, jetzt sollten Sie die häufigsten Begriffe kennen und es kann nun losgehen. Zuallererst sehen wir uns die gängigsten NFT Typen einmal etwas genauer an und lernen die Unterschiede kennen.

NFT Typen und deren Unterschiede

Da es sich bei diesem Buch um eine Einführung handelt, werde ich nicht alle Möglichkeiten beleuchten. Ich werde mich auch nur auf die Ethereum Blockchain beziehen, da auf dieser Blockchain zurzeit die meisten NFTs geminted und gehandelt werden.

Kunstwerke / Bilder / Grafiken / Animationen

Diese Art von NFT werden von Künstlern angefertigt und auf Börsen wie etwa MakersPlace, Nifty Gateway, Rarible und SuperRare gedropt und gehandelt. Das können NFTs 1/1 sein, demnach Unikate oder Open Editions in einer höheren Auflage.
Es können statische Bilder sein (Stills) oder animierte Bilder, jeweils mit oder ohne Musik hinterlegt. Die animierten NFTs erkennt man an einer kleinen Playtaste auf der Vorschau.

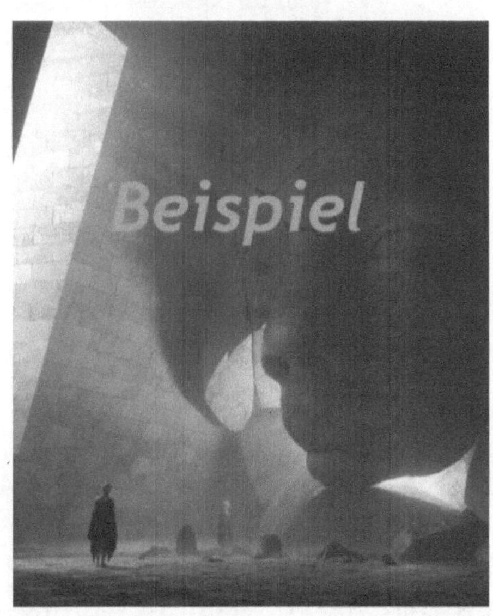

Hier ein Still von Stuart Lippincot
„Inner Light"

Collectibles

Bei den Collectibles handelt es sich um einfache kleine Bildchen. Das reicht von kleinen Pixelbildern bis zu handgemalten Kreationen und allem was dazwischenliegt. Die Collectibles werden grob in zwei Kategorien unterteilt.

PfP NFTs

Picture for Profile NFTs waren in ihrem Ursprung als Profilbilder gedacht. Mit einem PfP kann der Besitzer, auf nahezu allen Social-Media-Kanälen, zeigen welcher Community er sich zugehörig fühlt. Je nach Bekanntheitsgrad und Status der einzelnen NFTs, kann es kostspielig werden.

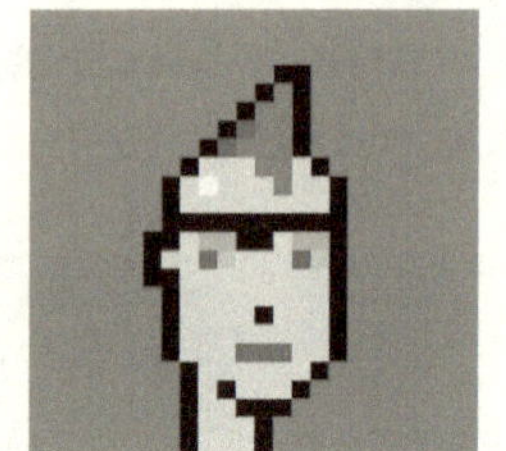

Crypto Punk #4184

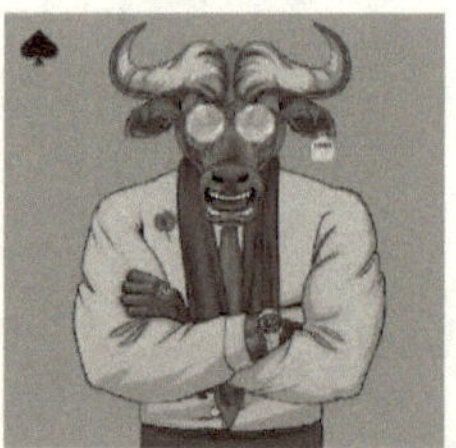

The Exotic Gentlemen Society # 41

Die PfP NFTs können mittlerweile noch in Unterkategorien aufgeteilt werden. Bei der Vorstellung einiger Projekte gehe ich genauer darauf ein.

Gaming NFTs

Eine weitere Kategorie der Collectibles sind NFTs die in Verbindung mit einem Online-Spiel stehen. Das reicht von einfachen Spielkarten über Gegenstände bis hin zu Spielfiguren.

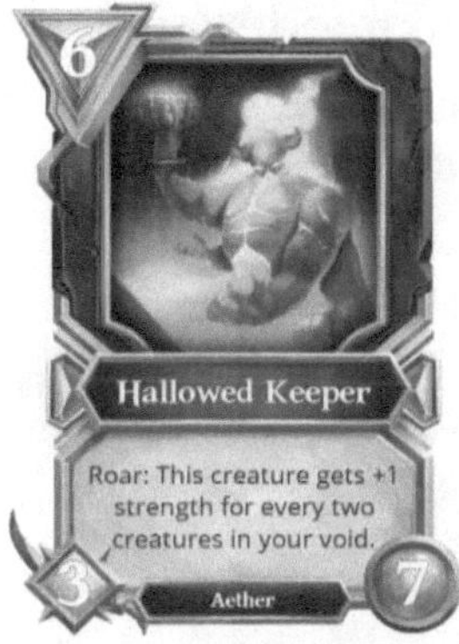

Gods Unchained
Halloweed Keeper # 163 44 438

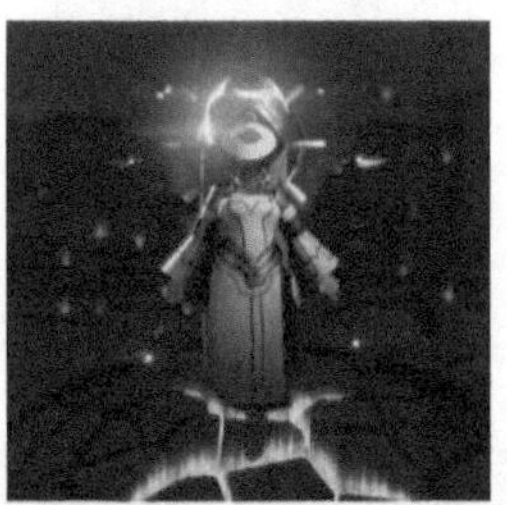

Guild of Gardians Hereos
Gwynn

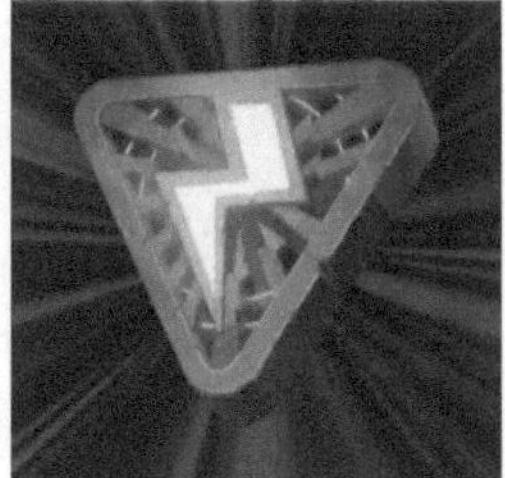

Guild of Gardians Other
Energy Token

Virtuelle Welten

Hierbei handelt es sich um ganze Welten, in denen man sich frei bewegen kann. Die einzelnen Grundstücke in diesen Welten sind ein NFT und gehören jemandem. Auf diesen Grundstücken können Gebäude gebaut werden, Galerien für NFTs, Spiele, Treffpunkte oder auch ein virtueller Firmensitz. Die wohl bekanntesten Welten sind Decentraland, The Sandbox und Cryptovoxels.

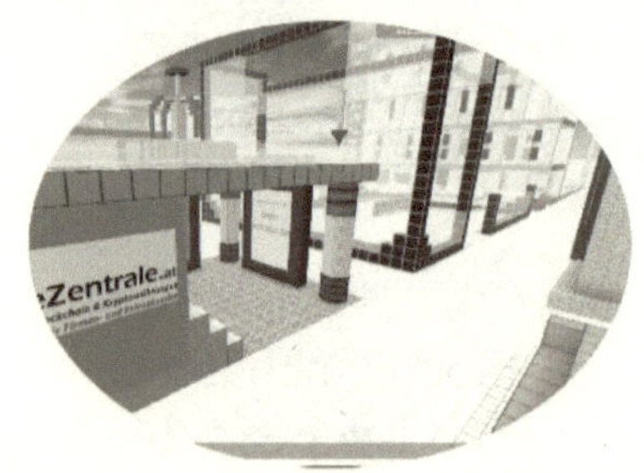

Ausschnitt aus Mid Town in Cryptovoxels

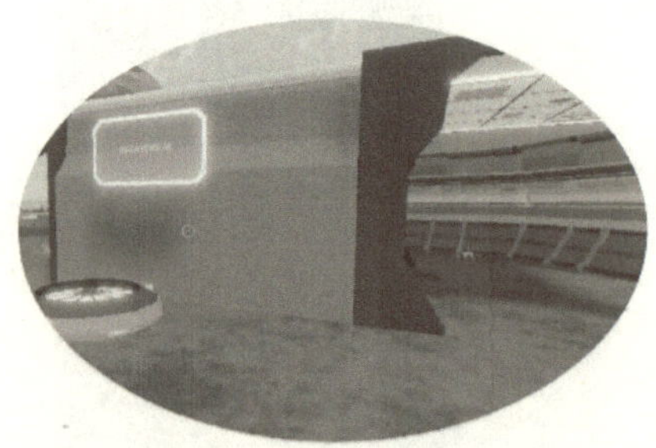

Ein Gebäude in Decentraland

Music NFTs

Eine weitere Kategorie sind die Musik NFTs. Die CD-Verkäufe sind in den letzten Jahren zunehmend unter Druck geraten, die Auszahlungen der Streamingdienste sind eher etwas mau und durch die Pandemie bedingten Absagen von Konzerten und ganzen Tourneen waren auch nicht förderlich.
Daher suchen die Musiker andere Absatzmärkte und haben mit den NFTs einen gefunden. Bands, wie die Kings of Leon verkaufen mittlerweile einzelne Titel und ganze Alben über NFTs.
Das führte dazu, dass OpenSea, die weltweit größte NFT Handelsplattform, eine eigene Kategorie für Music NFTs eingerichtet hat.
Man findet dort Vorlagen für Samples, Elektronische Musik, DJ-Sounds über Klassik bis zu Rock so ziemlich alles.

Nachdem Sie jetzt einige Arten und Kategorien kennengelernt haben, werde ich im nächsten Kapitel auf einige Projekte und Künstler eingehen. Dies soll Ihnen die möglichen zugrundeliegenden Aspekte eines NFT Projektes aufzeigen. Dabei geht es darum Ihnen zu zeigen, was hinter den kleinen Bildchen so steckt, welche Strategien verfolgt werden und welche Ziele erreicht werden sollen.
Ich bin mir absolut sicher, dass Sie einiges überraschendes erfahren werden und Ihnen dadurch das Potenzial der NFTs bewusst wird.

NFT Projekte

Eine kleine Auswahl

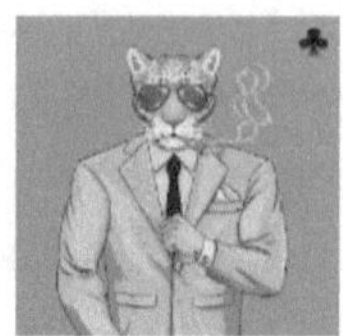

The Exotic Gentlemen Society
https://exoticgentlemensociety.com/

Die EGS ist ein ziemlich elitärer Club. Es wurden nur 2500 NFTs zum minten angeboten. Weitere 1050 werden durch den Club in Form von Giveaways an die Halter von EGS NFTs verteilt. Diese Giveaways sollen Langzeithalter und Mitgliedern, die sich in der Community verdient gemacht haben, als Belohnung dienen. Somit beträgt die maximale Anzahl 3550 NFTs. 355 von diesen NFTs sind die Founding Fathers, demnach noch exklusiver als der Rest. Die Founding Fathers entstanden durch eine gröbere Panne beim ersten Pre-Sale welcher umgehend abgebrochen wurde. Die Panne ereignete sich aufgrund eines schlecht programmierten Smart Contracts. Um die Besitzer der ersten 355 NFTs zu belohnen, die trotz immenser Transaktionskosten geminted haben, wurde diesen NFTs der Status der Founding Fathers zugesprochen. Dass wirklich erstaunliche war, wie die Verantwortlichen auf diese Panne reagiert haben. Kurz nach dem Auftreten des Fehlers haben sie sich auf ihrem Discord Kanal gemeldet und völlig transparent die Probleme angesprochen und Lösungsvorschläge präsentiert. Alle Mitglieder konnten danach umgehend darüber abstimmen, welcher Lösungsvorschlag umgesetzt werden sollte. Krisenmanagement vom Feinsten.

Einige Tage später konnte wieder geminted werden, allerdings auf einem neuen, sauber programmierten Smart Contract. Diese Gentlemen laufen unter Generation 2.

Doch, nun zu den Hintergründen:

Die Exotic Gentlemen haben sechs unterschiedliche Tierköpfe. Leopard, Tiger, Löwe, Nashorn, Gorilla und Wasserbüffel. Alle diese Tiere sind in der einen oder anderen Art bedroht.

Es gibt nur noch rund 1000 Berggorillas, 3200 Tiger, 100 Amur Leoparden, 23000 frei lebende Löwen, 27000 Nashörner und noch rund 3000 Wasserbüffel.

Ein Großteil der erzielten Gewinne aus dem Mintingprozess geht an Hilfsorganisationen, welche sich dem Schutz dieser Arten verpflichtet haben.

Auf Discord können Besitzer von TESG NFTs zum Beispiel an Poker Tournieren teilnehmen, sich am Roulette Tisch versuchen oder etwas Black Jack spielen.

Je nach NFT den man hält, hat man auch Zutritt zu exklusiven Kanälen. Der Besitz von Founding Fathers öffnet so ziemlich alle Türen.

Ein weiterer Schritt soll ein physisch existierender Club in London sein. Die NFTs dienen dabei als VIP Pass beim Besuch dieses Clubs.

In einer nächsten Runde sind auch Exotic Ladies vorgesehen, wobei jetzt schon einige Damen in der Society zugegen sind.

Die Society versucht mit diesem NFT Projekt den klassischen englischen Club ins digitale Zeitalter zu transferieren und gleichzeitig eine Verbindung in die reale Welt zu schaffen.

Durch das Engagement im Tierschutz ist die Investition jedenfalls sinnstiftend.

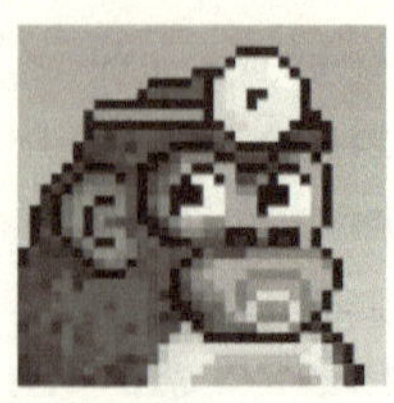

CyberKongz
https://www.cyberkongz.com/

Die Cyberkongz vermischen die NFT Welt mit DeFi (Decentralised Finance). Die ersten 1000 geminteten CyberKongz sind sogenannte Genesis Kongz. Diese CK generieren täglich 10 $Banana Token. $Banana Token dienen zur Bezahlung diverser Dinge innerhalb des CyberKongz Universums, welches sich auf „The Sandbox" befinden wird. Dazu zählen unter anderem Gegenstände oder Kleidungsstücke.
Als Besitzer von zwei Genesis CK hat man die Möglichkeit BabyKongz zu erstellen. Der Herstellungsprozess kostet 600 $Banana, dass bedeutet, dass man die zwei Genesis CK mindestens 30 Tage lang nicht verkaufen kann. Die BabyKongz werden nach der Herstellung als NFT in das jeweilige Wallet transferiert und können auch frei gehandelt werden.
Um sich in der virtuellen Welt von The Sandbox bewegen zu können, braucht man selbstredend einen Avatar. Ist man im Besitz eines CK, kann man seinen 3D Avatar gratis (+Transaktionsgebühren) minten. Somit erhält man einen weiteren NFT der frei gehandelt werden kann.
Jetzt stellt sich natürlich die Frage, wo die Verbindung zu DeFi liegt?

Wie schon erwähnt produziert jeder Genesis CK 10 $Banana pro Tag, garantiert auf 10 Jahre nach dem Mintingprozess. Der $Banana Token läuft, ähnlich einer Kryptowährung, auf der Ethereum Blockchain. Dieser Token kann frei gehandelt werden, also jederzeit gegen eine andere Kryptowährung oder auch gegen Dollar, Euro, usw. getauscht werden. Um Ihnen zu verdeutlichen was das bedeutet, folgende Frage: „Was würden Sie davon halten, wenn Sie morgen Ihrem Vorgesetzten sagen könnten das Sie kündigen und erst einmal eine kleine Weltreise antreten werden?"
Klingt völlig absurd? Ist es nicht, der $Banana Token hat einen Wert von 72 US-Dollar (Stand 25.10.21), somit haben Sie ein passives Einkommen von 720 US-Dollar pro Tag und CyberKong.
Gar nicht einmal so schlecht, oder? Berücksichtigt man noch den Mintingpreis im Pre-Sale von 0.08 ETH (zwischen 300.- und 400.- US-Dollar) wäre das nicht die dümmste Investition gewesen.
Dazu kommt, dass diese Genesis Cyberkongz ab rund 100 ETH gehandelt werden, was wiederum rund 400`00 US-Dollar entspricht. (26.10.21)

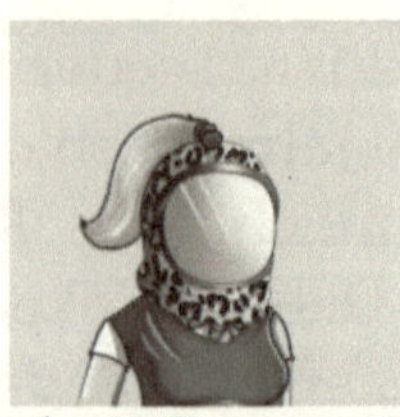

Moonshot Garage Project
https://www.moonshotgarageproject.com/

MSGP verbindet die Möglichkeiten der ersten zwei vorgestellten Projekte und fügt noch zwei weitere hinzu.
Zum einen soll die Space Foundation unterstützt werden (mehr dazu unter: **https://spacefoundation.org/**), ein $Moon Token soll kommen und sie arbeiten an einer virtuellen Welt. Zusätzlich wird es 3D Avatare geben, die zum einen in dieser virtuellen Welt verwendet werden können und zum anderen und das ist neu, mithilfe einer VR-Brille in Ihrem Wohnzimmer erscheinen.
Was den DeFi Aspekt angeht, so implementiert MSGP eine Art Dividendenauszahlung an die Tokenhalter. Es werden im Gegenwert von 30 ETH (~ 120´000 US-Dollar stand 25.10.21) andere NFTs gekauft. Zum Beispiel CyberKongz, Crypto Punks und weitere sogenannte Blue Chip NFTs (NFTs die einen stabilen Wertzuwachs haben und begehrt sind).
Sie bilden im weitesten Sinne einen gemanagten NFT Fond und beteiligen ihre NFT-Halter an den erwirtschafteten Gewinnen.
Ein weiterer Punkt der eingeführt werden soll ist eine DAO. Somit erhalten die Token Halter ein Stimmrecht bei wichtigen Entscheidungen und können eigenen Ideen einbringen und darüber abstimmen lassen.
Zu guter Letzt haben die Teammitglieder ein Launchpad programmiert, welches auf Immutable X zugreifen kann.
Kurz zur Erklärung:

Immutable X ist eine brandneue, auf Ethereum basierende NFT Handelsplattform ohne Transaktionsgebühren (2 Layer). Diese Plattform ermöglicht es NFT Projekten über die Projektwebseite zu minten. Für diesen Vorgang braucht es ein Launchpad. MSGP ist eines der allerersten NFT Projekte, die ein solches Launchpad haben und es auch anderen NFT Projekten zur Verfügung stellt. Als Obolus werden MSGP Token Halter auf die White List dieser neuen Projekte gesetzt.

Ich hoffe, ich konnte Ihnen mit diesen drei NFT Projekten einen kleinen Einblick in die Möglichkeiten aufzeigen. Sie sehen mit einem NFT Projekt könnte man eine Naturschutz Organisation von Grund auf finanzieren. Man kann Investment Fonds aufziehen, NFTs für Eintrittskarten verwenden, Immobilien tokenisieren ... Die Möglichkeiten sind nahezu unbegrenzt.

In weiterer Folge möchte ich Ihnen noch eine Künstler Gemeinschaft und einen Künstler etwas näherbringen.

ENCODE Graphics
https://www.encode.graphics/

Encode Graphics vereint NFT Hochkaräter wie PR1MAL CYPHER sowie Comic Zeichner vom Schlage eines Mark McKena, um nur zwei von vielen zu nennen.

ENCODE Graphics ist in der Welt der Comics zu Hause und verbindet die Welt der Kryptowährungen mit oft dunklen Welten in der Zukunft. Daraus resultieren physische Comics und NFTs, die zum Beispiel auf Nifty Gateway gedropt werden.

Dabei wirken Künstler mit, welche, unter anderem, für MARVEL, DC Comics und Star Wars gearbeitet haben. Dazu kommen IT-Spezialisten und weitere junge Nachwuchskünstler mit großem Potenzial.
Zudem soll es die diversen Figuren der Comics auch als reale 3D Modelle geben.
Wenn Sie sich für Comics begeistern können, sollten Sie sich ENCODE Graphics unbedingt einmal näher ansehen.

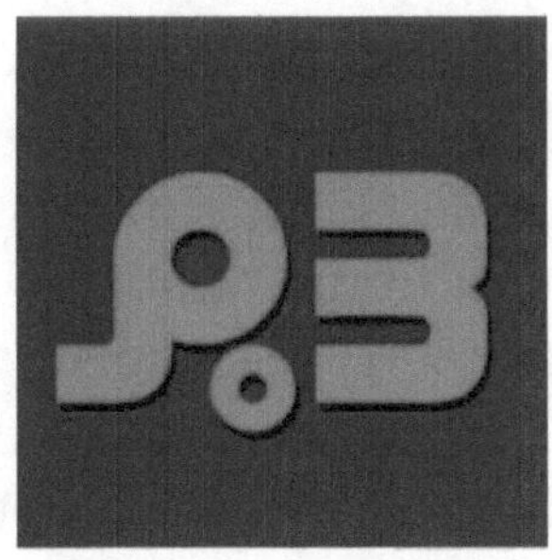

Pascal Blanche´
https://www.pascalblanche.com/

Pascal Blanche´ ist ein französischer Illustrator der seit über 25 Jahren tätig ist. Seine Illustrationen waren und sind auf vielen bekannten Covers zu sehen. Er ist aber auch in der Gaming Szene kein Unbekannter, hat er doch bei vielen Games als Art Director mitgearbeitet.

Nun stelle ich Ihnen noch zwei virtuelle Welten etwas näher vor.

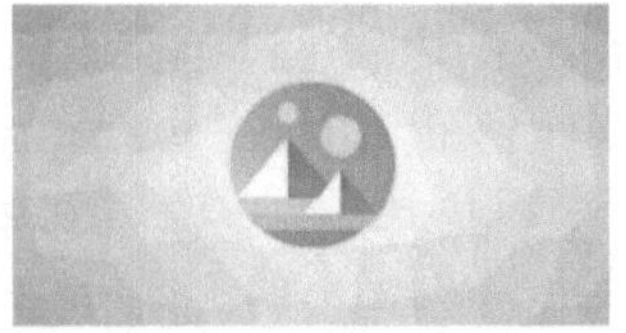

Decentraland
https://decentraland.org/

Decentraland ist eine virtuelle Welt, die in quadratische 16×16m Grundstücke aufgeteilt ist. Jedes dieser Grundstücke ist ein eigener NFT und kann frei gehandelt werden. Es besteht die Möglichkeit mehrere angrenzende Grundstücke zu einem Estate zu vereinen, natürlich nur, wenn einem die Grundstücke gehören.

Die Landeswährung in DCL ist $Mana. Sie wird beim Kauf von Grundstücken, Kleidung und anderem verwendet. DCL läuft auf der Ethereum Blockchain und ist als DAO konzipiert, gehört somit den Mitgliedern.
Mittlerweile haben sich neue Berufsgruppe herausgebildet. Es gibt weltweit Menschen die Kleider und Accessoires für die Avatare in DCL entwickeln und verkaufen. So ist es etwa möglich ein eigenes T-Shirt mit dem Firmenlogo erstellen zu lassen. Dieses kann als Giveaway an Kunden verschickt, verschenkt oder verkauft werden.
Auch Architekten die Gebäude für die jeweiligen Grundstücke erstellen sind im Aufschwung.
Mittlerweile sind einige Firmen in DCL angesiedelt.
Zum Beispiel hat das Auktionshaus Sotheby's's eine Filiale in DCL und führt dort NFT Versteigerungen durch.
Da es möglich ist auf Decentraland zu streamen, finden auch Veranstaltungen in Decentraland statt. Sei das ein DJ der in einem virtuellen Club auflegt oder ganze Musikfestivals. Die Besucher sitzen dabei zu Hause und hören die Musik über ihre Lautsprecher.
Es ist auch möglich über Mikrofon und Lautsprecher miteinander zu reden und Präsentationen zu streamen. So können etwa international tätige Firmen Meetings abhalten, ohne dass jemand in ein Flugzeug steigen muss, man trifft sich in der Filiale in Decentraland.
Auf einigen Grundstücken wurden auch Spiele installiert. Das reicht von einer Schlittenfahrt mit dem Schlitten vom Nikolaus über Jump and Run bis zu Suchspielen. Der Fantasie sind da nahezu keine Grenzen gesetzt.

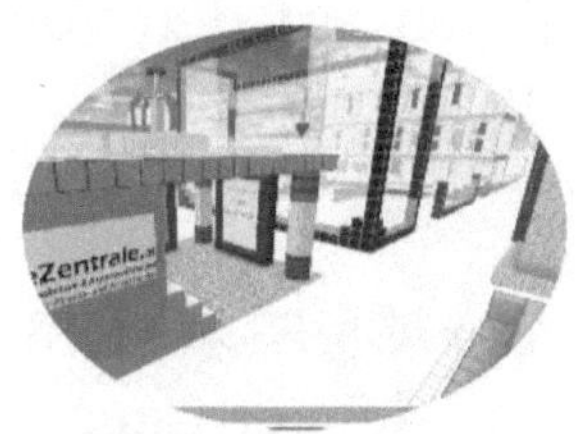

Cryptovoxels
https://www.cryptovoxels.com/

Im Gegensatz zum eher im Comicstil gehaltenen Decentraland ist Cryptovoxels puristischer. Wie der Namensteil „Voxels“ schon verrät, geht es hier etwas kubischer vonstatten.
In Cryptovoxels gibt es auch Grundstücke in Form von NFTs. Wobei die Grundstücke unterschiedliche Größen und Bauhöhen haben. Auch diese Grundstücke sind bebaubar. Jeder Besitzer kann aus einer Vielzahl von Würfeln, sie unterscheiden sich durch deren Oberfläche nicht durch die Größe, direkt auf seinem Grundstück mit dem Bauen beginnen.
Es besteht auch die Möglichkeit Voxmodelle zu importieren und auf dem Grundstück zu positionieren. Sie können NFTs zeigen oder zum Kauf anbieten und Ihren OpenSea Account direkt verlinken.
Es stehen Ihnen auch in Cryptovoxels unterschiedlichste Möglichkeiten zur Verfügung um eine Firmenfiliale zu bauen, Kleidungsstücke zu verkaufen oder einfach nur die Gegend erkunden.
Cryptovoxels war, soweit ich weiß, die erste virtuelle Welt, die betreten werden konnte, gehört somit zu den Pionieren und wächst immer noch.

Ich hoffe, ich konnte Ihnen auf den vorangegangenen Seiten die Welt der NFTs etwas näherbringen. Das war nur ein winziger Ausschnitt und soll Ihnen auch nur die Möglichkeiten aufzeigen.
Die Schattenseiten der NFTs will ich Ihnen nicht verheimlichen. Es gibt viele Betrüger, Fake Seiten und alle möglichen Arten von Abzocke. Dazu erfahren Sie später im Buch noch mehr. Zudem ist es unmöglich den Überblick zu behalten, da täglich neue NFT Projekte dazu kommen. Allein ob der schieren Menge kann einem schnell der Mut verlassen.

Im folgenden Kapitel erfahren Sie wie Sie einzelne Projekte finden und bewerten können, sowie einige Strategien um möglichst kein Geld zu verlieren.

NFTs bewerten und handeln

Als allererstes muss Ihnen klar sein, dass die NFT Märkte sehr illiquide sind. Will heißen, dass Sie nicht jederzeit einen NFT verkaufen können, da Sie immer einen Käufer benötigen.
NFTs sind hochspekulative Investitionen in einem illiquiden Mark.
Nehmen wir zum Beispiel den Bitcoin. Sie möchten Ihre Bitcoins verkaufen und gehen daher an eine Kryptobörse wie zum Beispiel Coinbase. Sie klicken auf „Verkaufen" und wenige Sekunden später finden Sie den Betrag in Dollar, Euro, etc. auf Ihrem Account. Dabei spielt es keine Rolle wann Sie verkaufen wollen. Das ist ein liquider Markt. Die NFT Märkte sind das genaue Gegenteil.
Die Liquidität unterscheidet sich noch einmal dramatisch durch die zugrundeliegende Blockchain. Auf Ethereum spielt sich mit Abstand das meiste ab. Es gibt aber mittlerweile einige Konkurrenten, die versuchen Ethereum den Rang abzulaufen. Solana, Cardano, Binance Smart Chain, Wax, NEO, Phantasma um nur einige zu nennen. Bei diesen Blockchains sind die Märkte, zumindest jetzt noch, viel illiquider als auf Ethereum, da sich dort weniger Marktakteure aufhalten.
Daher beziehen sich alle meine Angaben auf die Ethereum Blockchain. Wobei diese Angaben natürlich auch auf die konkurrierenden Anbieter anwendbar sind. Es ist nur schwieriger an Daten heranzukommen, da sich die Konkurrenz erst am Entwickeln ist und die Anwendungen noch nicht die Tiefe von Ethereum basierten Anwendungen erreicht haben.

Falls Sie jederzeit flüssig sein wollen, sind NFTs nichts für Sie!

Eine Anlage in NFTs benötigt Geduld, Zeit und einiges an eigenem Dazutun. Gelassenheit und eine innere Ruhe sind auch hilfreiche Attribute.

Zu glauben, Sie kaufen sich einen X beliebigen NFT und sind nach 48 Stunden Millionär wird definitiv nicht funktionieren.

Sieb-Methode

Zuallererst stellt sich die Frage wie finde ich NFT Projekte mit Potenzial?
Dazu verwende ich eine Art Sieb-Methode, um mit wenigen Handgriffen eher unbrauchbare Projekte auszusortieren.
Dazu brauchen Sie einen Twitter und einen Discord Account.
Falls Sie Discord nicht kennen, hier eine kurze Erläuterung.
Auf Discord (**https://discord.com/**) kann sich jeder einen eigenen Server anlegen. Das können Sie sich so ähnlich wie eine eigene Webseite vorstellen.
Auf diesem Server können Sie nun unterschiedliche Kanäle einrichten. Zum Beispiel:
Über mich, Neuheiten, Empfehlungen usw. Diesen Kanälen können Sie unterschiedliche Eigenschaften zuweisen. Auf einem Kanal können nur „Freunde" schreiben, auf einem anderen Kanal können nur Sie schreiben und auf einem weiteren Kanal können alle schreiben.
Sie können auch einen Videochat auf Ihrem Server einrichten und ähnlich wie auf ZOOM oder Skype mit Ihren Freunden plaudern.
Der Besitzer dieses Servers, demnach Sie, hat auch ein eigenes Profilbild mit dem er auf anderen Servern aufscheint, wenn er diese betritt (PfP NFT 😉).

Alle NFT Projekte der Gattung Collectibles haben einen solchen Discord-Server um mit der Community zu kommunizieren.
Doch, nun weiter mit der Sieb-Methode. Sobald Sie sich einen Twitter und Discord Account zugelegt haben, beginnt die Recherche. Im Anhang dieses Buches finden Sie einige Webseiten die sich auf NFTs spezialisiert haben und regelmäßig neue Projekte und deren Mintdatum bekannt geben. Eine davon ist rarity.tools.
Auf rarity.tools finden Sie eine Rubrik „Upcomming NFT Sales". Dort werden Ihnen die Projekte gezeigt, die in den nächsten Tagen und Wochen ihren Sale starten. Neben jedem dieser Projekte finden sie den Twitter - und Discord Link. Gleichzeitig wird Ihnen dort der Sale und Pre-Sale Preis angezeigt. Liegt dieser Preis über 500.- US-Dollar hat sich das Thema bereits erledigt.
Als Nächstes gehen Sie auf den Twitter Account des Projektes und sehen sich die Follower-Anzahl an. Liegt diese Zahl unter 2500 Followern, ist dass das zweite Ausschlusskriterium. Falls das Projekt erst in einigen Wochen den Sale-Termin hat, schauen Sie später noch einmal rein.
Sie können auch noch **https://www.followeraudit.com/** auf Twitter einsetzen. Diese Seite verrät Ihnen, wie viele Fake Accounts dem Kanal folgen und wie aktiv die Community ist.

Hat der Twitter Account mehr als 2500 Follower gehen Sie auf den Discord Kanal des Projektes und sehen sich die Followerzahl auf Discord an. Die Zahl finden Sie oben links über den Kanälen.

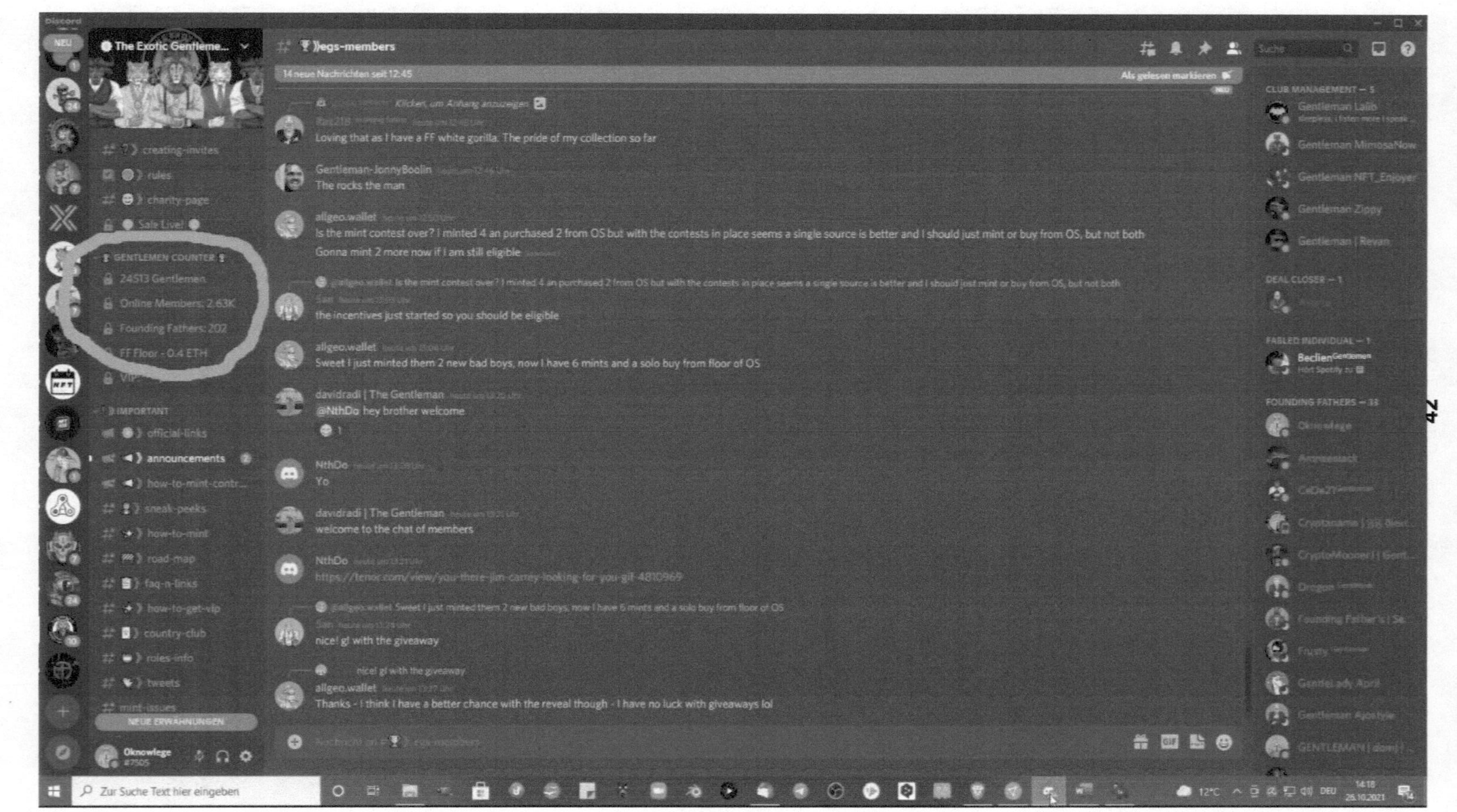

The Exotic Gentleme...
egs-members
14 neue Nachrichten seit 12:45
Als gelesen markieren
creating-invites
rules
charity-page
GENTLEMEN COUNTER
24513 Gentlemen
Online Members: 2.63K
Founding Fathers: 202
FF Floor - 0.4 ETH
IMPORTANT
official-links
announcements
sneak-peeks
how-to-mint
road-map
faq-n-links
how-to-get-vip
country-club
roles-info
tweets
NEUE ERWÄHNUNGEN
Loving that as I have a FF white gorilla. The pride of my collection so far
Gentleman-JonnyBoolin
The rocks the man
allgeo.wallet
Is the mint contest over? I minted 4 an purchased 2 from OS but with the contests in place seems a single source is better and I should just mint or buy from OS, but not both
Gonna mint 2 more now if I am still eligible
the incentives just started so you should be eligible
allgeo.wallet
Sweet I just minted them 2 new bad boys, now I have 6 mints and a solo buy from floor of OS
davidradi | The Gentleman
@NthDo hey brother welcome
NthDo
Yo
davidradi | The Gentleman
welcome to the chat of members
NthDo
https://tenor.com/view/you-there-jim-carrey-looking-for-you-gif-4810969
nice! gl with the giveaway
allgeo.wallet
Thanks - I think I have a better chance with the reveal though - I have no luck with giveaways lol
CLUB MANAGEMENT — 5
Gentleman MimosaNow
Gentleman NFT_Enjoyer
Gentleman Zippy
DEAL CLOSER — 1
FABLED INDIVIDUAL — 1
Beclien
FOUNDING FATHERS — 33
Oknowlege
Zur Suche Text hier eingeben
12°C
DEU
14:18
25.10.2021

Oftmals sind die Followerzahlen auf Discord wesentlich höher als auf Twitter, daher erschrecken Sie nicht, wenn auf Discord 20´000 Follower sind und auf Twitter nur 3000.
Jetzt, wo Sie auf dem Discord Server sind, sehen Sie sich an, was da so passiert. Es gibt immer einen Kanal der sich #General-Chat, #Chat, #hide-out oder so ähnlich nennt. Sehen Sie dort hinein und lesen Sie ein paar Kommentare und beobachten Sie wie aktiv die Community ist. Als kleinen Test posten Sie einen kleinen Kommentar. Zum Beispiel: „Hi, I am courios about this Project". Eigentlich sollten Sie in kürzester Zeit eine Antwort eines Teammitgliedes erhalten. Die Namen der Teammitglieder finden Sie in der rechten oberen Ecke der Mitglieder Liste. Kommt nichts und tut sich auch sonst nicht viel ist das ein weiteres Ausschlusskriterium. Ein nächstes Ausschlusskriterium ist der Inhalt der Kommentare. Falls 90 % der Posts aus „too the Moon", „Lambo" und ähnlichen nichtssagenden Aussagen besteht, hat sich die Sache bereits erledigt.
Mit diesen einfachen Schritten haben Sie die uninteressanten Projekte bereits ausgesiebt und ersparen sich viel Lebenszeit.

Der nächste Schritt

Wenn Sie freundlich begrüßt werden und Ihnen eventuell sogar einige Kanäle empfohlen werden, wie #announcements, #links, #roadmap oder Ähnliches, dann bedanken Sie sich und gehen einen Schritt weiter.
Links bei den Kanälen sollten Sie einen Kanal für die Links finden, #links, #officail-links, etc. dort klicken Sie die Webseite des Projektes an und schauen sich dort einmal um. Was ist der Zweck des Projektes, gibt es einen Charrity-Bezug, was soll erreicht werden und wie.
Falls Sie sich nicht mit dem Projekt identifizieren können, respektive den Sinn und Zweck nicht erkennen können, hat sich die Sache erledigt.

Hier greift die Aussagen vom Börsen-Guru Warren Buffet:

„Investiere nie in eine Firma, deren Geschäftsmodell du nicht verstanden hast!"

Können Sie sich jedoch mit der Idee hinter dem Projekt anfreunden, gehen Sie zurück auf den Twitter Kanal des Projektes. Gehen Sie dort auf die Follower Liste und sehen Sie sich an wer dem Kanal folgt. Falls Sie darunter Namen wie @Garyvee, @Pranksy, @WhaleShark_pro, @BranndonNFT oder @The_BTC_Express finden, dann sind Sie auf ein potenziell ausgezeichnetes NFT Projekt gestoßen.
Es empfiehlt sich diesen obengenannten Twitter Accounts zu folgen. Sie gehören mit zu den bekanntesten und einflussreichsten Größen was NFTs betrifft. Am Ende des Buches finden Sie noch weitere Twitter Accounts, denen Sie folgen sollten.
All diese aufgezeigten Schritte können Sie natürlich jederzeit für sich anpassen und verfeinern. Diese einzelnen Schritte sollen Ihnen, als Neueinsteiger, helfen sich in der NFT Welt zurechtzufinden und Sie vor Zeitverschwendung und vor allem groben Fehlinvestitionen bewahren.

Twitter

Eine weitere Möglichkeit an interessante NFT Projekte zu gelangen ist Twitter. Sehen Sie sich an über welche Projekte @GarryVee, @Pranksy, etc. berichten. Diese Leute erfahren oft weit vor der Öffentlichkeit was für Projekte geplant sind. Daher kann ich Ihnen nur noch einmal empfehlen folgen Sie diesen Personen, wenn Sie ernsthaft in das NFT Geschäft einsteigen wollen.

Falls Sie über Twitter ein spannendes Projekt gefunden haben, gehen Sie wieder so vor wie oben beschrieben. Sehen Sie sich die Preise an, den Discord Kanal und die Webseite. Es kann gut sein, dass diese Personen Projekten folgen die mehrere Tausend US-Dollar Einstiegspreise haben. Nicht das diese Projekte schlecht wären, ganz bestimmt nicht aber sie passen oft nicht zum zur Verfügung stehenden Kapital und sind nur etwas für Profis.

Projekt gefunden! Was nun?

MetaMask

Falls Sie noch kein MetaMask Wallet besitzen, wird es Zeit sich eines zuzulegen. Das MetaMask Wallet ist ein Ethereum-Wallet welches auf Ihrem Browser als Extension eingefügt wird. MetaMask verbindet sich mit den jeweiligen Webseiten, wenn es zum Beispiel um das Minten von NFTs geht oder wenn Sie auf OpenSea NFTs kaufen oder verkaufen wollen. Ich werde hier nicht näher auf das Installieren und Einrichten des MetaMask-Wallets eingehen. Am Ende des Buches finden Sie passende Links zu Anleitungen wie das funktioniert.
Zu den Sicherheitsaspekten komme ich im Kapitel „Verwahren“ noch etwas genauer zu sprechen.

Die Whitelist

Eine der größten Herausforderungen wird sein, auf die Whitelist des ausgesuchten Projektes zu kommen. Das wird Ihnen nicht unbedingt auf Anhieb gelingen, da Sie oft Freunde auf Twitter taggen müssen oder Einladungen über Discord versenden. Um dies machen zu können, brauchen Sie natürlich einige Follower auf Twitter und einige Freunde auf Discord. Die werden Sie nicht zwingend von Anfang an haben.

Es gibt immer wieder Verlosungen auf den entsprechenden Discord Kanälen, wo man WL Plätze gewinnen kann. Es ist auch sehr hilfreich, wenn man aktiv auf Discord Kommentare postet oder neuen Mitgliedern Fragen beantwortet. Je mehr Sie sich in der Gemeinschaft einbringen, umso größer ist die Chance einen WL Platz zu ergattern. Normalerweise gibt es auf jedem Discord Server einen Kanal #WL, #Whitelist oder ähnlich. Dort finden Sie Informationen, wie Sie auf die WL kommen. Bei einigen NFT Projekten reicht es schon aus, wenn Sie einen anderen NFT besitzen, etwa von einem befreundeten Projekt.

Solche Freundschaften finden Sie unter #collabs auf vielen Discord-Servern. Üblicherweise melden Sie sich auf einem dieser Server an und müssen etwas in der Art posten: „Hi, greetings from TEGS“, somit können die Betreiber zuordnen, von welchem Server Sie kommen. In diesem Beispiel von The Exotic Gentlemen Society. Das kann schon ausreichen, um einen WL Platz in diesem Projekt zu erhalten.

Minting Time

Haben Sie es auf die Whitelist geschafft, können Sie diesem Moment sehr entspannt entgegensehen. Der Pre-Sale dauert üblicherweise 12 bis 24 Stunden. In dieser Zeit können Sie in Ruhe Ihre NFTs minten. Sie haben auch genügend Zeit zu warten, falls die Ethereum Transaktionsgebühren gerade hoch sind (Gas Fees).
Das Einzige was Sie unbedingt beachten müssen ist, dass Sie auf der richtigen Webseite sind.

Verwenden Sie ausschließlich die Web-Links auf dem Discord Server oder auf Twitter!

Da es bei diesen Projekten um sehr viel Geld geht (400USD x 10´000 NFTs) werden immer wieder Fake Webseiten aufgeschaltet. Diese Seiten sehen der originalen täuschend ähnlich, unterscheiden sich aber in der Webadresse. (.net statt.com) Daher ist es wichtig, dass Sie sich in aller Ruhe vergewissern, dass Sie am richtigen Ort sind. Das gilt natürlich auch für den Public-Sale.

Hat es mit WL nicht geklappt gehen Sie in den Public-Sale. Das Blöde am Public-Sale kann die Uhrzeit sein, wann er startet. Da die NFT Projekte überall auf der Welt sein können, kommt es vor das der Public-Sale um 03:00 in der Nacht startet. Das ist manchmal wirklich etwas mühsam.
Normalerweise wird auf der Webseite auf der gemintet wird angezeigt wie viele NFTs noch zur Verfügung stehen, ansonsten wird auf Discord die Zahl üblicherweise veröffentlicht und angepasst.

Da Sie beim Public-Sale in direkter Konkurrenz zu anderen Mintern stehen ist die Geschwindigkeit Ihrer Handlungen zuweilen ausschlaggebend, dass kann Nerven aufreibend sein. Trotzdem ruhig bleiben. Ganz schlimm wird es, wenn die Webseite überlastet ist und zeitweise gar nichts mehr geht.

Hier ist es absolut wichtig, dass Sie die Ruhe bewahren.

Sie können an einer technischen Panne nichts ändern. Falls Ihre NFTs nicht sofort in Ihrem Wallet auftauchen, können Sie das auch nicht ändern. Solange Sie die Transaktion bestätigt haben ist alles in bester Ordnung. Es ist möglich, dass durch ein erhöhtes Transaktionsvolumen der Mintingprozess länger dauert als normal.
Wichtig ist, dass Sie während dem Mintvorgang konzentriert sind und keine Fehler bei den Eingaben machen.

Auch den Public-Sale verpasst? Kommt vor, ist mir auch schon passiert. Sei es wegen technischer Probleme auf meiner Seite oder auf Seite des Projektes.
Welche Möglichkeiten gibt es nun? Sie kaufen einfach auf dem sekundär Markt, die Frage ist nur wann? Da gibt es mehrere Strategien. Eines ist jedoch wichtig zu wissen. Egal, ob Pre-Sale, Public-Sale oder sekundär Markt, sie bekommen so oder so immer nur einen Platzhalter. Das eigentliche Bild auf Ihrem NFT wird frühestens kurz nach der Beendigung des Public-Sales gezeigt, oft erst ein bis drei Tage nach dem Sale. Das nennt sich Reveal (offenbaren/ sichtbar werden). Das bedeutet, dass es vor dem Reveal völlig egal ist welchen Platzhalter Sie kaufen, da noch nicht ersichtlich ist was letztlich auf dem Platzhalter erscheint und wie selten das Bild sein wird.

Während dem Pre-Sale

Wenn Sie von Anfang an wissen, dass Sie am Public-Sale nicht teilnehmen wollen oder können. Möglicherweise arbeiten Sie zu dieser Zeit oder Sie wollen nicht mitten in der Nacht aufstehen, gibt es folgende Möglichkeiten.
Es gibt viele Trader, die betreiben das sogenannte „Flipping". Das sind Trader, die am Pre-Sale teilnehmen und Ihre NFTs für, sagen wir einmal 0.05 ETH gekauft haben und sie umgehend wieder für 0.08 ETH, dem Public-Sale Preis verkaufen. Mit dieser Methode holen diese Trader unter anderem die Kosten der Transaktionsgebühren wieder herein. Zudem können sie sich durch diese Methode Liquidität verschaffen und damit noch mehr NFTs minten, sofern nicht eine Maximalzahl pro Wallet vorgegeben ist.
Während dem Pre-Sale kann es auch passieren, dass der Floor-Preis unter dem Public-Sale Preis liegt. Beide Varianten sind gute Gelegenheiten zu kaufen.

Nach dem Public-Sale

Klingt komisch, ist aber so. Während beim Public-Sale die Preise 3-4-mal über dem Mintpreis liegen und zum Teil panisch gekauft werden, (FOMO-> Fear of missing out dt. Angst etwas zu verpassen) beruhigt sich die Lage nach dem Public-Sale wieder langsam und die Preise sinken. Die Flipptrader nützen die Panik und FOMO aus und versuchen so die Gesamtkosten ihrer NFTs wieder einzufahren und sogar Gewinn zu machen. Die Flipptrader haben im Normalfall mehrere NFTs gekauft, dass können auch einmal 20 Stück sein und versuchen jetzt durch Flipptrading von 2- 4 ihrer NFTs die Kosten wieder einzuspielen.

Nachdem der Public-Sale durch ist, beginnen inert Stunden die Floor-Preise zu sinken, dass kann auch mehrere Tage anhalten. Es entsteht ein ganz normales Angebot und Nachfrage Verhalten. Somit können Sie zwar nicht mehr zum Mintpreis kaufen aber immer noch wesentlich günstiger als in der FOMO Phase. Realistischerweise mit 50-100 % Aufschlag zum Public-Sale Preis.
Wichtig ist, dass die NFTs noch nicht sichtbar (revealed) sind, denn dann beginnen andere Parameter zu greifen, wie etwa die Seltenheit.
Diese Szenarien spielen sich bei extrem gefragten und gehypten NFT Sales ab, etwa wenn nur eine geringe Anzahl NFTs überhaupt zur Verfügung steht oder die ersten 1000 NFTs besondere Attribute haben werden.

Viele NFT Projekte schaffen die angestrebten Verkäufe erst nach ein bis zwei Tagen, wenn überhaupt. Das bedeutet keinesfalls, dass dies schlechtere Projekte wären, aber 10´000 NFTs muss man eben auch erst einmal verkaufen.
In diesen Fällen haben Sie genügend Zeit zum Minten oder günstiger auf dem sekundär Markt einzukaufen. Bei solchen NFT Projekten ist regelmäßig zu beobachten, dass die Floor Preise nur wenig über den Pre-Sale Preisen liegen.
Es gilt auch hier nur solange die NFTs noch nicht revealed sind.

Ruhig bleiben ist oberstes Gebot

Alles in allem ist es wichtig, dass Sie ruhig und entspannt bleiben. Im schlimmsten Fall bezahlen Sie das doppelte vom Public-Sale Preis. Das ist auf der anderen Seite ein Zeichen, dass diese NFTs gefragt sind und immer noch ordentlich Luft nach oben haben. Wer weiß, vielleicht haben Sie einen NFT erstanden der das Potenzial des Bored Ape Yacht Clubs hat. Beim BAYCs liegen die Floor Preise, rund 6 Monaten nach dem Sale, bei rund 40 ETH (120´000.- US-Dollar). Da dürfte es egal sein, ob sie den NFT für 400.- oder 800.- US-Dollar gekauft haben.

Wie viele NFTs soll ich jeweils kaufen?

Das hängt ganz von Ihnen und Ihrer Strategie ab. Eine Möglichkeit ist, dass Sie einen NFT kaufen den Sie zeitnah mit etwas Gewinn wieder zu verkaufen versuchen. Möglicherweise müssen Sie etwas länger warten bis Sie den gewünschten Betrag erhalten. Auf diese Weise können Sie innerhalb einiger Wochen Ihren Einsatz etwa verdoppeln, sofern Sie einen Käufer finden.

Eine andere Möglichkeit, meine bevorzugte, ist, dass Sie mindestens zwei, besser 3 NFTs kaufen. Den dritten NFT verkaufen Sie, wenn er einen Preis erreicht hat, der die Gesamtkosten aller drei NFTs abdeckt.

Eine gute Gelegenheit dazu bietet sich in der FOMO Phase während dem Public-Sale. Wie das funktioniert erfahren Sie später in diesem Buch. Hat das geklappt ist es von der finanziellen Seite her egal ob die anderen zwei NFTs weiter steigen, den Preis halten oder gar wieder sinken. Sie haben keinen Verlust gemacht. Außerdem sind Sie wieder liquide und können in andere Projekte einsteigen. In dieser Situation können Sie nur noch gewinnen, da die Einstiegskosten wieder eingespielt sind. Egal für wie viel Sie die restlichen NFTs verkaufen können, es ist immer ein Gewinn.

Den zweiten NFT verkaufen Sie zu einem späteren Zeitpunkt. So zwischen 4 und 8 Monaten, sofern sich das Projekt gut entwickelt hat. Dieser Verkauf ist Reingewinn! Es ist keine Schande bei dieser Angelegenheit Gewinne mitzunehmen. Den letzten NFT können Sie nun behalten, möglicherweise weil Ihnen die Community gefällt oder Sie den NFT liebgewonnen haben oder der verbliebene NFT andere Vorteile beschert. Falls Sie den letzten auch verkaufen möchten, behalten Sie die Preise im Auge und verkaufen zu Ihrem Wunschpreis.

Auch hier ist es notwendig zu verstehen, dass diese Strategien gründlich in die Hose gehen können. Entweder Sie müssen lange warten bis Ihre NFTs den Wunschpreis erreichen oder der Wert der NFTs sinkt unter Ihren Einkaufspreis und Sie machen Verluste. Alles kann passieren.

Darum ist es essenziell, dass Sie eine saubere Vorauswahl treffen und nicht emotional einen NFT kaufen. Aussagen wie: „Das ist aber ein süßes Bildchen", oder „Delfine sind meine Lieblingstiere" sind nicht für eine saubere Bewertung eines Projektes geeignet.

Wie ich schon eingangs erwähnt habe, sollen Sie sich mit dem Projekt identifizieren können, aber die Bewertung muss auch positiv ausfallen, sonst stehen die Chancen gut, dass Sie Geld verlieren.

Diversifikation

Sie sollten auch auf eine Diversifikation achten. Je nach Budget ist es ratsam in zumindest 2–3 unterschiedliche Projekte zu investieren. Je mehr, je besser.

Somit haben Sie die Möglichkeit, falls eine Investition floppt mit den anderen den Verlust auszugleichen. Das ist sicher nicht Ideal aber immer noch wesentlich besser als alle Eier im selben Korb zu haben.

Falls Sie dadurch nur jeweils einen NFT pro Projekt kaufen können, machen Sie das. Es ist allemal schlauer drei unterschiedliche NFTs zu haben als drei vom gleichen Projekt. Mit dem Gewinn den Sie hoffentlich erwirtschaften, können Sie in weiterer Folge die Strategie ändern und mehrere NFTs von einem Projekt kaufen, ganz so wie es das Budget zulässt.

Ich hoffe, ich konnte Ihnen ein paar nützliche Tipps und Tricks an die Hand geben, die Ihnen eine Bewertung neuer NFT Projekte ermöglicht. Es muss Ihnen aber klar sein, dass das nur das Grundgerüst sein kann auf dem Sie Ihre eigenen Strategien und Vorgehensweisen aufbauen und entwickeln können.

Chancen Erkennen

In diesem Kapitel möchte ich Ihnen noch zwei Chancen und Möglichkeiten zeigen wie Sie zum einen, schnell Gewinne generieren und zum anderen günstig an gemintete NFTs gelangen.

Flipping

Ich habe oben schon die Flipptrader erwähnt und möchte Ihnen nun kurz zeigen wie Sie es anstellen schnelle Gewinne einzufahren und worauf Sie achten müssen.
Voraussetzung ist, dass Sie NFTs aus dem Pre-Sale besitzen, zumindest aber nicht mehr als den Public-Sale-Preis bezahlt haben.
Während dem Public-Sale müssen Sie den Floor im Auge behalten. In der FOMO Phase werden Sie feststellen, dass die Floor Preise steigen und bis zum vierfachen des Public-Sale Preises erreichen können.

Dazu schauen Sie genau wie viele NFTs am günstigsten angeboten werden und wie lange es dauert, bis sie gekauft werden.
Nehmen wir einmal an, Sie haben 0.1 ETH für Ihren NFT bezahlt und beabsichtigen schnell Gewinne mitzunehmen. Die Preise **könnten** demnach bis auf 0.4 ETH ansteigen.
Beim Beobachten des Floors werden Sie schnell sehen, wie rasch diese NFTs gekauft werden. Daraus erkennen Sie wie stark die Nachfrage ist. Geht es schnell ist die Nachfrage groß und Sie können Ihren Gewinn bis zu vervierfachen. Geht es langsamer sollte eine Verdoppelung drin sein.
Sehen Sie sich die Floor Preise an und schauen Sie wie viele NFTs in einem ähnlichen Preisrahmen liegen und ab wo ein Preissprung auftritt.

Als Beispiel:

Zehn NFTs liegen im Preissegment von 0.1 bis 0.12. Der Elfte liegt bei 0.16. Jetzt beobachten Sie wie lange es dauert, bis die ersten 10 NFTs gekauft werden. In einer FOMO Phase kann das in Sekunden passieren. Wenn die ersten 10 weg sind beginnt das Spiel von vorne und Sie sehen sich an wie viele NFTs im Bereich 0.16 bis 0.18 liegen und wo der Preissprung auf 0.22 stattfindet. Gehen auch diese NFTs von 0.16 bis 0.18 schnell weg geht das Spiel wieder von vorne los.
Anhand dieser Dynamik können Sie erkennen, ob die Preise tendenziell weiter steigen, stagnieren oder sogar wieder fallen.
Stellen Sie einen Rückgang der Verkaufsgeschwindigkeit fest wird es Zeit zu handeln.

Wenn Sie nun Ihren NFT wieder verkaufen wollen, beachten Sie das maximal 10 NFTs günstiger als Ihrer angeboten werden. Falls die Dynamik plötzlich stärker nachlässt, sind Sie immer noch in der Position, dass Sie Ihren NFT verkaufen können. Liegen 15 oder gar 20 NFTs vor Ihnen, kann es passieren, dass die Käufe vorher einbrechen und Sie Ihren NFT nicht verkaufen.

Natürlich haben Sie so das Risiko, dass Sie zu günstig verkauft haben. Jedoch hätten Sie im obigen Beispiel gut für 0.25 verkaufen können und hätten somit über 150 % Gewinn eingefahren.

Das Ganze ist weitaus schwieriger als es jetzt den Anschein im Beispiel macht. Es gehört einiges an Erfahrung und Intuition dazu den Verkaufspreis optimal zu treffen und oft geht es auch daneben.

Ich wollte Ihnen nur aufzeigen wie das funktioniert und Ihnen einige Punkte aufzeigen die Sie beachten sollten. Wie überall im Leben muss man es erst ausprobieren und gewinnt nach und nach an Erfahrung. Mit diesem Wissen können Sie es jederzeit einmal mit Flipptrading versuchen. Absolut wichtig ist es auch hier ruhig zu bleiben.

Floor sweeping

Viele NFT Projekte kämpfen mit Paper Hands (Papier Händen). Allen voran Projekte, die nach einem oder mehreren Tagen noch nicht alle NFTs verkaufen konnten. Dort werden von den Paper Hand teilweise NFTs zu Preisen verkauft die unter dem Mintingpreis liegen. Das kann mehrere Gründe haben, keine Geduld, benötigt Liquidität, oder einfach Dummheit. Warum so billig verkauft wird ist letzten Endes irrelevant. Es sind üblicher Weise auch nur wenige NFTs, die so billig angeboten werden.

Viele Projekte mögen das überhaupt nicht. Einige bieten sogar Anreize, um diese NFTs loszuwerden.
Zum Beispiel bekommt jeder der zwei solcher billigen NFTs kauft einen Weiteren vom Projekt-Team dazu geschenkt.
Es gibt unzählige Varianten von Belohnungen, die die verschiedenen NFT Projekte anbieten, möglicherweise ist ja eine spannende Option für Sie dabei.
Damit will das Team den Boden kehren, den Floor sweepen.
Falls Sie ein solches Floor sweeping betreiben möchten, müssen Sie sich bewusst sein, dass das auch schiefgehen kann.
Es gibt Gründe warum nicht alle NFTs geminted wurden. Es kann sein, dass einfach nur zu wenig Werbung gemacht wurde oder dass das Projekt wirklich wenig Interessenten findet. Es kann auch sein das gleichzeitig viele, auch gehypte, Projekte in den Sale gingen und dieses Projekt einfach nur unterging.
Sofern das Projekt eine gute Bewertung hat, ist die Möglichkeit gegeben, dass es zukünftig anzieht und nur unter Startschwierigkeiten leidet. Es ist in jedem Fall Geduld gefragt.

Wenn Sie sich die Zeit nehmen wollen, sehen Sie sich die Kurven der bekanntesten NFT Projekte einmal an, sie werden feststellen, dass auch die einige Zeit benötigten bis die Preise anzogen.

Mit diesen zwei Möglichkeiten wollte ich zeigen wie Sie kurzfristig Ihren Einsatz verdoppeln und äußerst preiswert Ihre NFT Sammlung aufstocken können. Was Sie davon anwenden möchten liegt selbstredend ganz bei Ihnen und hängt von Ihrer zur Verfügung stehenden Zeit und eventuell nötigen Geduld ab.

Wie bewerte ich bestehende NFT Projekte?

Bis jetzt habe ich Ihnen gezeigt wie Sie neue NFT Projekte bewerten können und sich beim Mintingprozess verhalten. Als Nächstes sehen wir uns bestehende NFT Projekte an die schon gemintet haben. Ich werde mich, wie schon auf den vorangegangenen Seiten, auf die Ethereum Blockchain und OpenSea beschränken. OpenSea ist die älteste bestehende NFT Handelsplattform und bietet den größten Umfang an Daten zu den jeweiligen NFT Projekten.

Es gibt noch weit mehr Handelsplattformen für Ethereum NFTs, doch fehlen dort oft wichtige Angaben zum Handelsvolumen, den Durchschnittspreisen oder die Anzahl der NFT Halter. All diese Daten erleichtern die Bewertung eines NFTs. Ich bin sicher, dass die anderen Handelsplätze diese Daten zukünftig auch zur Verfügung stellen werden, nur wird das noch etwas dauern.

Auf der Startseite auf OpenSea

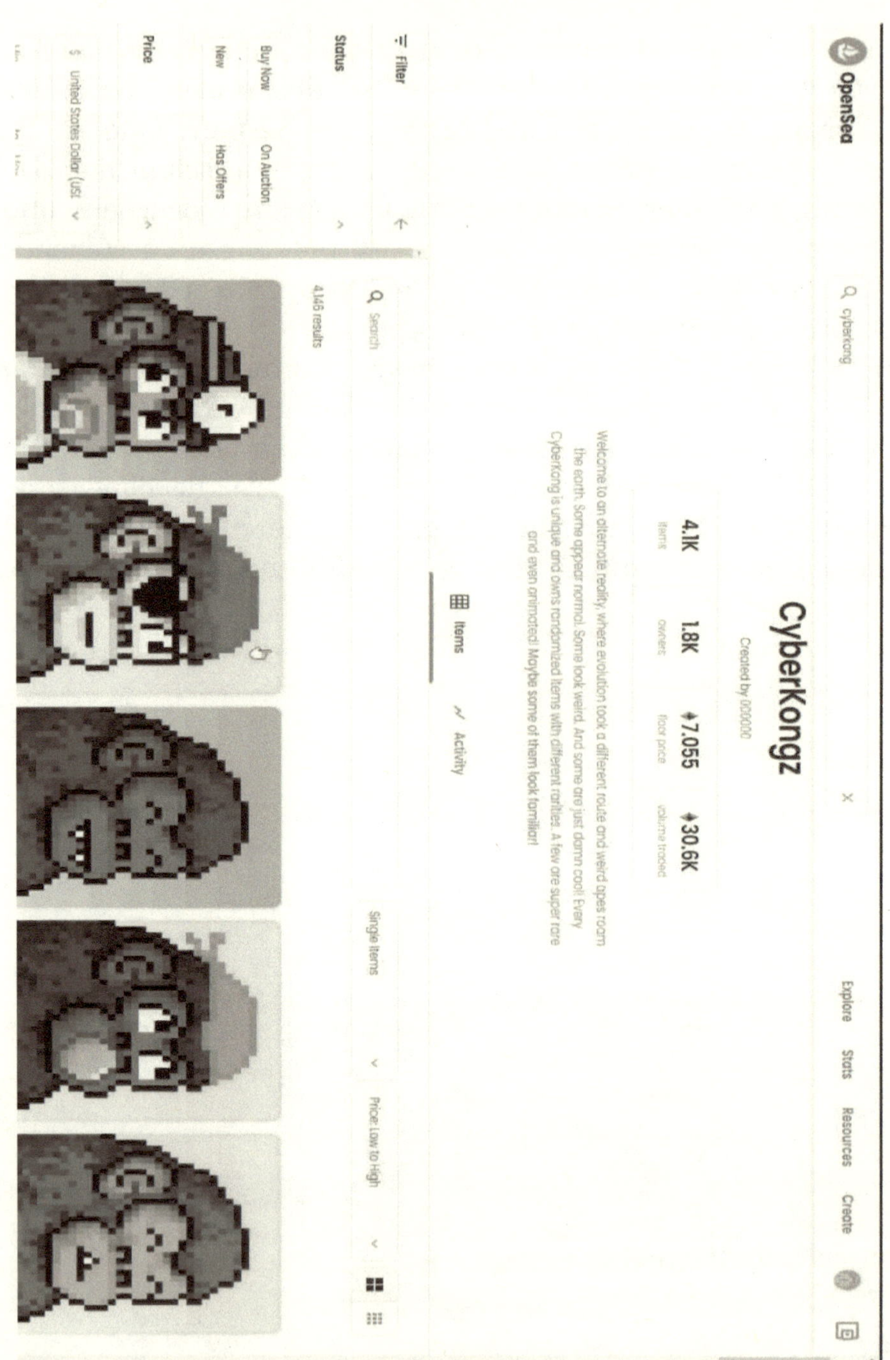

In diesem Beispiel sehen wir uns die CyberKongz etwas genauer an. Die CyberKongz erfreuen sich hoher Beliebtheit und werden zu den Bluechip NFTs gezählt. Man könnte sagen, sie sind eine sichere Bank, so sicher ein NFT eben sein kann!

In den vier Feldern unter dem Titel sehen wir (v.l.n.r) die Gesamtzahl der geminteten CK (items), die Anzahl der Wallets in denen sie gehalten werden (owners), den Floor-Preis (floor price) und das insgesamt gehandelte Volumen in ETH (volume traded)

Jetzt sehen wir uns die Zahlen etwas genauer an und ich erkläre Ihnen was sie bedeuten.

Items und Owner

Wir sehen, es gibt 4100 NFTs insgesamt und diese werden von 1800 Wallets gehalten. Das bedeutet weiters, dass im Durchschnitt in jedem Wallet 2.28 NFTs liegen. Das zeigt uns erstens, dass viele Menschen daran interessiert sind CyberKongz zu halten und zweitens, dass die NFTs nicht auf wenige Halter konzentriert sind.

Was steckt nun in dieser Information?

Sie zeigt uns an, dass die Wahrscheinlichkeit relativ hoch ist, dass wir unseren CyberKongz NFT wieder verkaufen können, wenn wir das möchten. Dazu zeige ich Ihnen später noch mehr Indikatoren.

Es zeigt sich auch, dass es wahrscheinlich keine Wale gibt (Whales) die große Mengen dieser NFTs halten und dadurch die Preise beeinflussen können.

Es gilt zu bedenken, die Anzahl der Wallets spiegelt nicht die exakte Anzahl der Halter wider, da ein Halter mehrere Wallets besitzen kann.

Durchschnittswerte von vier und mehr NFTs pro Wallet sind ein Ausschlusskriterium!

Je geringer der Durchschnitt ist, umso besser.

Floor Price

Der Floor Preis gibt uns an wie viel der günstigste CyberKongz NFT kostet. Dieser Preis zeigt Ihnen unmittelbar an ob Sie sich einen CyberKongz NFT leisten können oder wollen.
Der Floor Preis ist aber mit Vorsicht zu genießen. Am Beispiel der CyberKongz sind die BabyKongz die günstigsten, da sie nichts können. Wie ich schon in der Vorstellung der CyberKongz geschrieben habe, werfen nur die „Genesis Traits“, die ersten 1000 geminteten CyberKongz eine Dividende in Form von $Banana ab.
Die Floor Preise zeigen bei nahezu allen NFT Projekten die am wenig seltensten NFTs. Dazu zeige ich Ihnen später noch weitere Punkte zum Thema Seltenheit.

Volume Traded

Diese Zahl zeigt Ihnen den Gesamtwert aller Transaktionen in ETH. Grundsätzlich gilt, je höher dieser Wert, umso reger ist der Handel. Das ist eine weiterer Punkt der Ihnen helfen kann zu bewerten, ob Sie Ihren NFT wieder verkaufen können.
Nur müßen Sie bei diesem Wert einige Aspekte berücksichtigen. Falls das NFT Projekt noch nicht lange auf dem sekundär Markt gehandelt wird, kann es solche hohen Transaktionsvolumen nicht generieren. Ein NFT der in der Peisspanne von 0.1 bis 4 ETH unterwegs ist braucht auch wesentlich länger, bis solch hohe Transaktionsvolumen erreicht werden. Volumina über 1000 ETH zeigen Ihnen jedoch an, dass es sich um ein gutes Projekt handelt welches sich etabliert hat und eine Nachfrage aufbauen konnte.

Auf der Activity-Seite von OpenSea

Weitere Informationen finden wir auf der Activity Seite. Dazu klicken Sie auf „Activity“ rechts neben den „Items“ unter der Beschreibung des NFT Projektes.

Hier sehen Sie in der oberen Hälfte die Kurve der Durchschnittspreise über die Zeit in Blau und die Anzahl der gehandelten NFTs in Form der hellblauen Balken. Ganz rechts auf der Grafik sehen Sie den Public-Sale und das die Preise nach dem Public-Sale um rund 50 % einbrachen. Sie sehen auch die CyberKongz litten an FOMO.

Was zeigt uns diese Kurve noch? Wir sehen, dass über die Zeit immer wieder Phasen waren in denen die Preise stiegen und wieder vielen. Das zeigt uns, dass sich der Markt immer wieder selbst reguliert. Nach Hochpreisphasen, in denen der Markt überhitzt ist folgen Konsolidierungsphasen in denen sich der Markt wieder abkühlt. Solange diese Kurve Wellenbewegungen macht, ist der Markt für diese NFTs aktiv und die Chancen, dass Sie Ihren NFT wieder verkaufen können, sind gut. Lassen Sie sich nicht durch die extremen Ausschläge irritieren. Zum einen bewegen Sie sich in einem illiquiden Gesamtmarkt und zum anderen ist die Skalierung der Grafik linear und nicht logarithmisch.

Dazu kommt, dass es bei den CyberKongz extreme Unterschiede im Wert der einzelnen NFTs gibt. Die BabyKongz liegen im einstelligen ETH Bereich, während Genesis Traits bei über 100 ETH liegen. Wenn demnach zwei Genesis Traits gehandelt werden, geht die Kurve dementsprechend steil nach oben und sinkt wieder signifikant, wenn anschließend nur BabyKongz gehandelt werden.

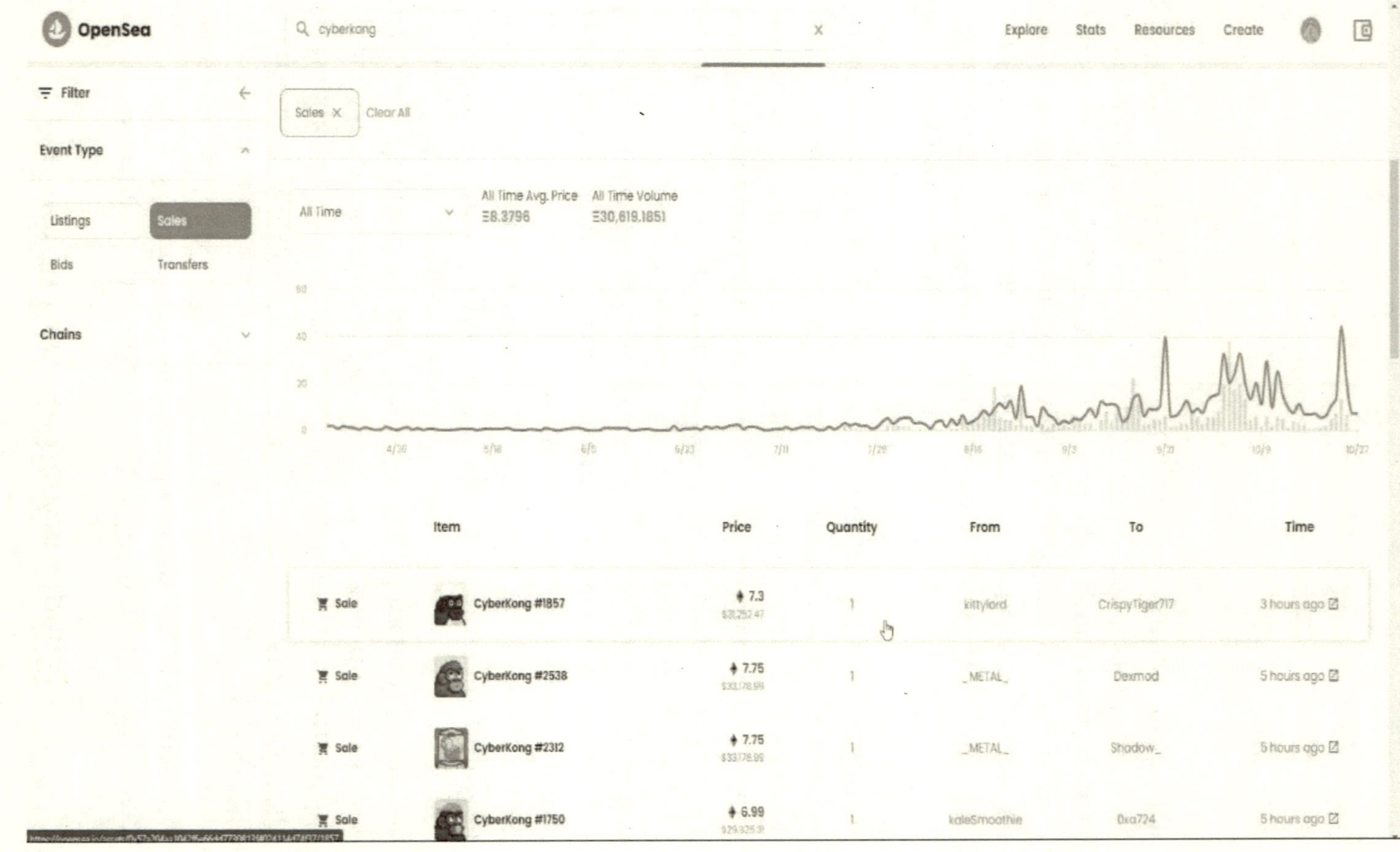
OpenSea
cyberkong
Explore
Stats
Resources
Create
Filter
Event Type
Listings
Sales
Bids
Transfers
Chains
Sales ×
Clear All
All Time
All Time Avg. Price
Ξ8.3796
All Time Volume
Ξ30,619.1851
Item
Price
Quantity
From
To
Time
Sale
CyberKong #1857
7.3
1
kittylord
CrispyTiger717
3 hours ago
Sale
CyberKong #2538
7.75
1
METAL
Dexmod
5 hours ago
Sale
CyberKong #2312
7.75
1
METAL
Shadow_
5 hours ago
Sale
CyberKong #1750
6.99
1
kaleSmoothie
0xa724
5 hours ago

In der unteren Hälfte der Activity Seite sehen wir die Letzt gehandelten NFTs. Ein wichtiger Indikator ist für uns die Zeit (Time) in der rechten Spalte.
Sie zeigt an, wann der letzte Handel stattgefunden hat. Aus diesen Zeitangaben können wir wertvolle Informationen ziehen. Sie helfen Ihnen zu bestimmen wie das momentane Preisniveau aussieht. Wenn die ersten zehn Positionen im Stundenbereich oder etwas darunter liegen zeigt Ihnen das, dass die Preise fair sind. Die Anbieter verkaufen zu fairen Preisen und die Investoren kaufen. Wenn die Verkäufe im Minutentakt stattfinden, sind die NFTs aus Sicht der Investoren unterbewertet demnach zu tief. Falls die letzten Transaktionen vor Tagen stattgefunden haben sind die Preise bei Weitem zu hoch und die NFTs werden nicht gekauft.
Zusammenfassend kann man, bezogen auf die letzten zehn Transaktionen, sagen:

Im Minutenbereich:
Die Preise sind unterbewertet und günstig.

Im Stundenbereich:
Das Preisniveau ist ausgeglichen und fair.

Im Tagesbereich:
Die Preise sind bei Weitem überbewertet und viel zu teuer.

Alles, was dazwischen liegt, würde ich tendenziell zur nächst höheren Kategorie zählen.

Buy now auf OpenSea

Sie ahnen es, das waren bei Weitem noch nicht alle Informationen die Ihnen OpenSea zur Verfügung stellt.

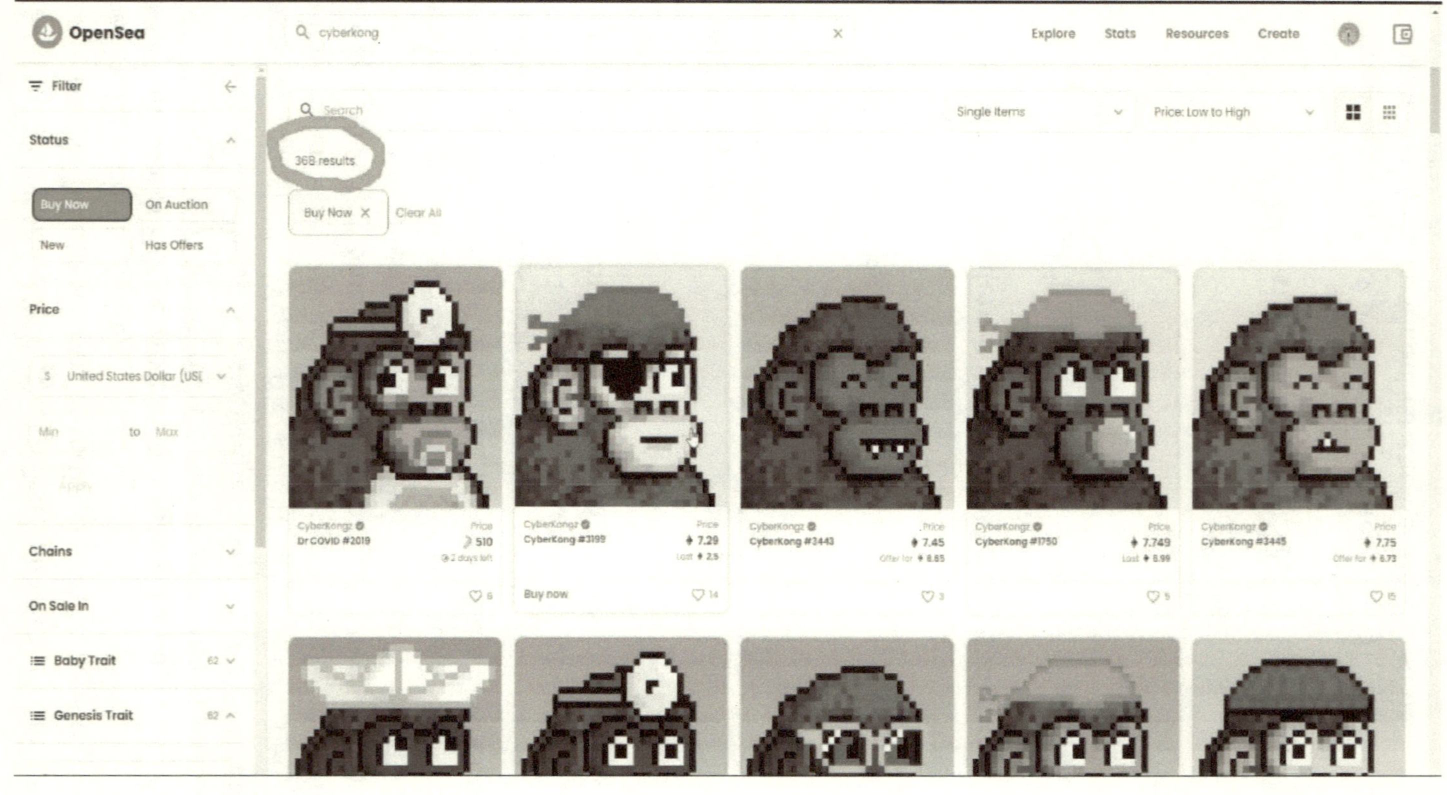

OpenSea
cyberkong
Explore
Stats
Resources
Create
Filter
Status
Buy Now
On Auction
New
Has Offers
Price
$ United States Dollar (USD)
Min
to
Max
Chains
On Sale In
Baby Trait
Genesis Trait
Search
368 results
Buy Now
Clear All
Single items
Price: Low to High
CyberKongz
Dr COVID #2019
510
CyberKongz
CyberKong #3199
7.29
Buy now
CyberKongz
CyberKong #3443
7.45
CyberKongz
CyberKong #1750
7.749
CyberKongz
CyberKong #3445
7.75

Klicken Sie auf OpenSea, links auf der „Items“ Seite auf „Buy now“. Nun werden Ihnen alle NFTs angezeigt, die mit einem Fixpreis zum Kauf angeboten werden. Sie sehen auch die Gesamtzahl der zum Verkauf stehenden NFTs (Kreis) links oben über den NFT Bildern.
Bezogen auf die Gesamtauflage aller geminteten NFTs lassen sich daraus Rückschlüsse auf die Community ziehen. In diesem Beispiel stehen 368 NFTs zum Verkauf. Das entspricht weniger als 10 % der gesamt geminteten 4100 NFTs.
Das zeigt uns, das zwar NFTs gehandelt werden, es zeigt uns aber auch das über 90 % der Besitzer der Meinung sind etwas Wertvolles zu besitzen und eben nicht verkaufen wollen. Gleichzeitig lässt das Rückschlüsse auf die Stärke der Community zu, die hinter dem Projekt steht. Über 90 % können sich mit dem Projekt identifizieren und möchten Teil dieser Community sein. Die Gründe dafür mögen unterschiedlich sein ändern aber nichts an der Aussage.
Diese Zahlen sind trotzdem nur als Anhaltspunkte zu verstehen, es kann ja sein, dass die Verkäufer mehrere NFTs besitzen und einfach die ersten Gewinne mitnehmen wollen. (siehe die Strategie mit mindestens zwei NFTs desselben Projektes)

Je niedriger der Prozentsatz der zum Verkauf stehenden NFTs, bezogen auf die Gesamtmenge, um so werthaltiger sind die NFTs aus Sicht deren Besitzer.

Je höher der Prozentsatz, umso niedriger wird der Wert von den Besitzern beurteilt.

Als Maximalwert würde ich von 40 % Prozent ausgehen. Alles, was darüber liegt, weist tendenziell darauf hin, dass die Community schwach ist und nicht so richtig an das Projekt glaubt und daher den NFTs keinen allzu großen Wert beimessen.

Doch das waren noch nicht alle Informationen, die Sie auf „Buy now“ finden können. Eine weitere Quelle stellen die Floor Preise dar. Dazu klicken Sie oben rechts auf das Pop-up-Menü und wählen Price Low to High an.
Nun werden Ihnen die zum Verkauf stehenden NFTs nach aufsteigendem Preis angezeigt. Sie sehen den Floor.
Wenn die Floor Preise gleichmäßig ansteigen und keine extremen Sprünge nach oben machen, dann haben Sie es grundsätzlich mit einem fairen Preisgefüge zu tun, das Einzige was Sie noch abklären sollten ist der Seltenheitswert der einzelnen Floor Preis NFTs. Dazu gleich mehr.

Falls die ersten paar NFTs deutlich günstiger sind und die Preise erst danach kontinuierlich steigen, so könnte es sein, dass die Verkäufer verkaufen müssen. Aus welchen Gründen auch immer. Das wäre ein günstiger Moment um einzusteigen, nachdem Sie die Seltenheit überprüft haben.

Erste Informationen zur Seltenheit

Viele NFT Projekte unterteilen ihre NFTs in unterschiedliche Kollektionen. Wobei sich diese Kollektionen durch die Seltenheit und/ oder durch Attribute unterscheiden können. Ähnlich der Genesis Traits der CyberKongz. Auf dem folgenden Screenshot zeige ich Ihnen wo sie diese Unterteilungen finden. Das Beispiel bezieht sich auf die Bohemian Bulldogs.

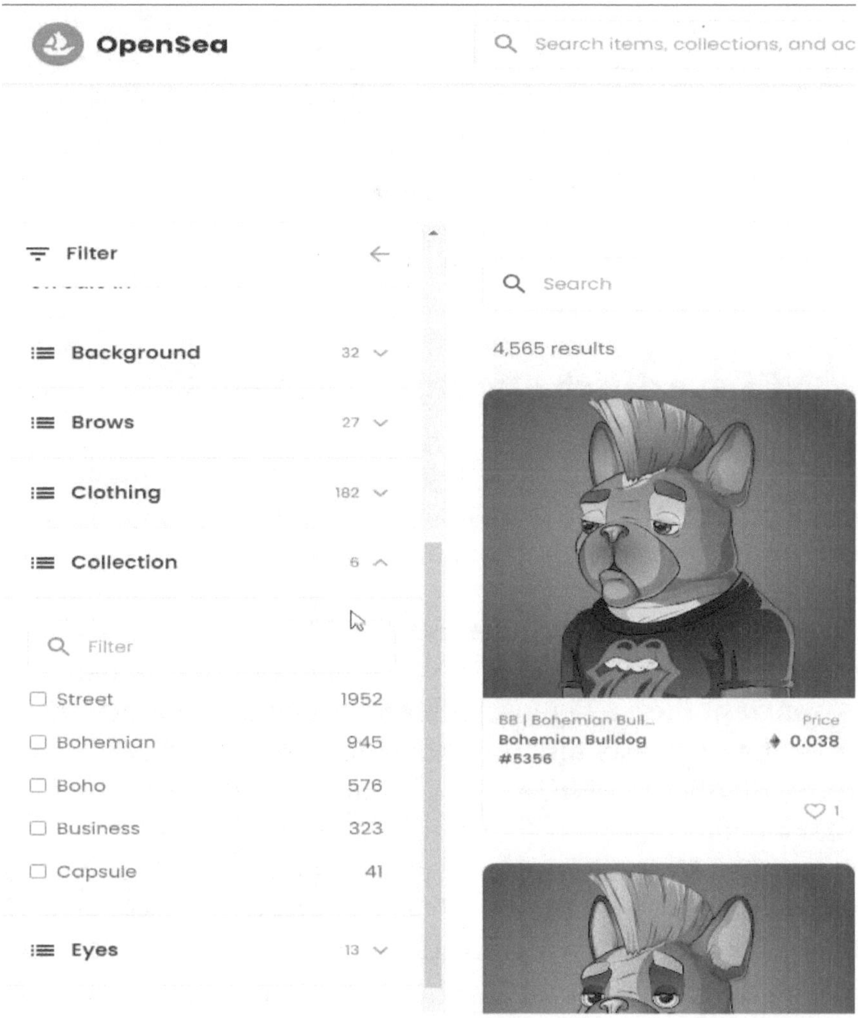

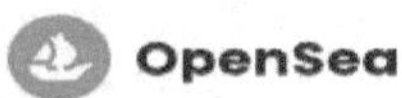

Links auf der OpenSea Seite finden Sie unterschiedliche Pop-up-Menüs. Suchen Sie das Menü auf dem „Collection", „Traits" oder Ähnliches steht. Bei den BB sehen Sie die Unterteilung in Street, Bohemian, BoHo, Business und Capsule. Die Zahlen dahinter verraten Ihnen wie viele von den einzelnen Kollektionen geminted wurden. Es ist daher ersichtlich, dass BBs aus der Street Collection die häufigsten sind und Capsule die seltensten.

Sie haben nun die Möglichkeit die gewünschte Kollektion zu markieren und auf „Buy now" zu drücken, somit werden Ihnen alle kaufbaren BBs der jeweiligen Kollektion angezeigt. Über die Einstellung „Price Low to High" können Sie die BBs mit aufsteigendem Preis anzeigen.

NFT spezifische Informationen auf OpenSea

Hier finden Sie die ersten Informationen zur Seltenheit des gewünschten NFTs. Dazu klicken Sie auf den gewünschten NFT und es öffnet sich die Seite mit Informationen zu diesem einzelnen NFT.
Unter dem Tokenbild finden Sie das Menü „Properties". Dort sind die Eigenschaften des NFTs aufgeführt, inklusive der Prozentzahl dieser Eigenschaften bezogen auf alle geminteten NFTs dieses Projektes. So haben Sie eine erste Möglichkeit unterschiedliche NFTs auf ihren Seltenheitswert zu untersuchen.
Wenn Sie diese Seite nach unten scrollen sehen Sie alle Transaktionen die diesen Token betreffen inklusive des Preises zu dem er gehandelt wurde. Sind nur zwei Transaktionen aufgeführt, so hat der jetzige Besitzer den NFT selbst geminted.
Unter dem Menü „Properties" finden Sie das Menü „Details". Dieses Menü wird im weiteren Verlauf des Buches noch wichtig werden.

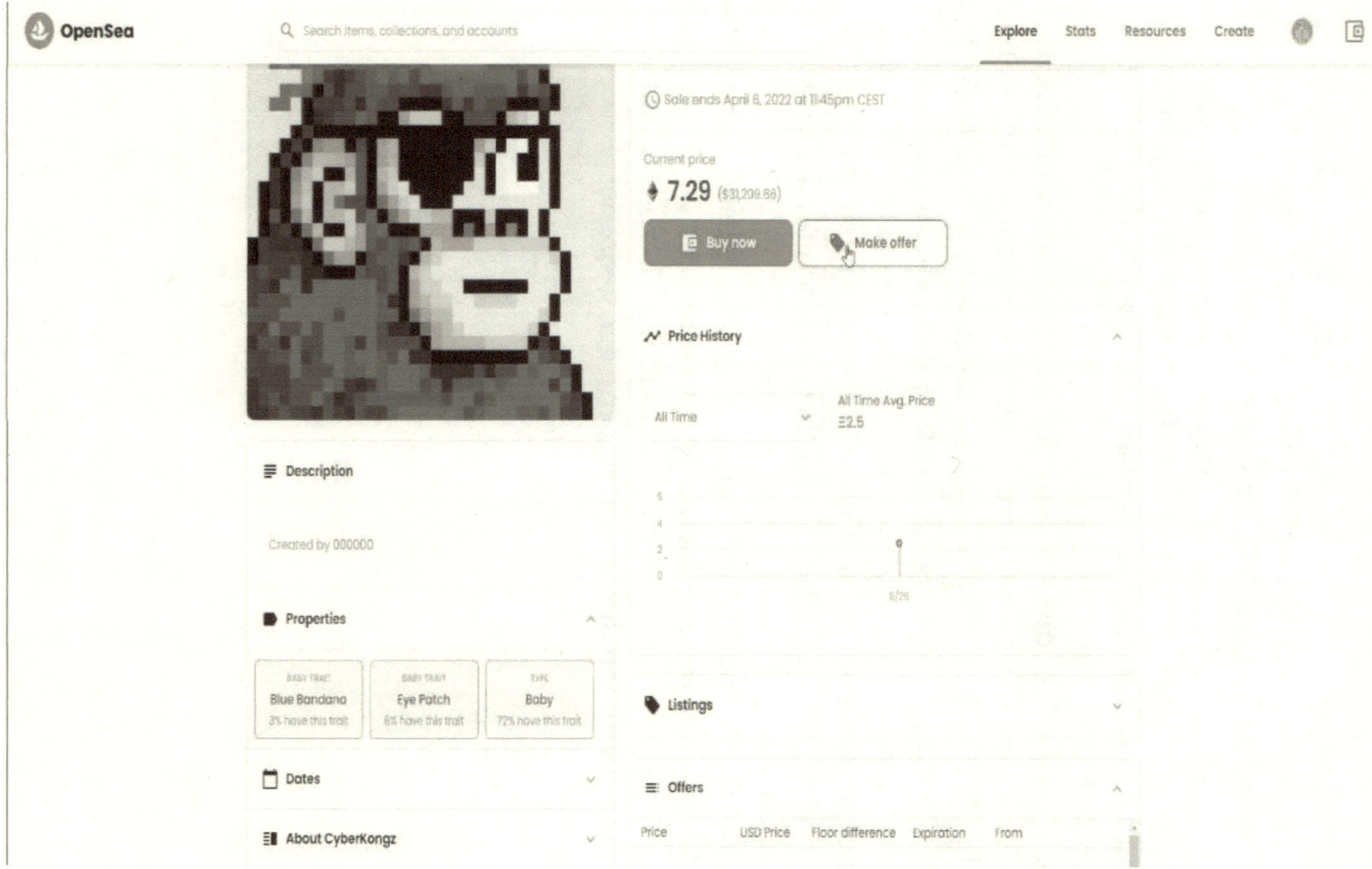
OpenSea
Search items, collections, and accounts
Explore
Stats
Resources
Create
Sale ends April 6, 2022 at 11:45pm CEST
Current price
7.29 ($31,209.86)
Buy now
Make offer
Price History
All Time
All Time Avg. Price
Ξ2.5
Description
Created by 000000
Properties
Blue Bandana
3% have this trait
Eye Patch
6% have this trait
Baby
72% have this trait
Listings
Dates
Offers
About CyberKongz
Price
USD Price
Floor difference
Expiration
From

Seltenheitsgrad auf rarity.tools

Nachfolgend finden Sie einen Screenshot von rarity.tools der Ihnen die Bewertung der Seltenheit erheblich vereinfacht aber bei Weitem nicht alle NFT Projekte gelistet hat.
Unter dem Menü „Project“ wählen Sie das gewünschte NFT Projekt aus. Im Beispiel sind das wieder die CyberKongz. Danach schalten Sie rechts oben über den Bildern auf „Price Low to High“ um.
Nun sehen Sie die Cyberkongz in preislich aufsteigender Reihenfolge. Die rote # Zahl rechts über jedem einzelnen Bild zeigt Ihnen den Seltenheitsrang, bezogen auf alle Cyberkongz an. Mit diesem Werkzeug sehen Sie umgehend welcher NFT in Ihrem Investitionsrahmen der seltenste ist. Unter Umständen lohnt es sich ein klein wenig mehr zu bezahlen, wenn Sie dadurch einen wesentlich selteneren NFT erwerben können.
Leider sind nicht alle NFT Projekte gelistet, aber die bekanntesten werden Sie finden und als kleinen Bonus sind die Projekte auch noch nach Rang, bezogen auf das Handelsvolumen der letzten sieben Tage geordnet.

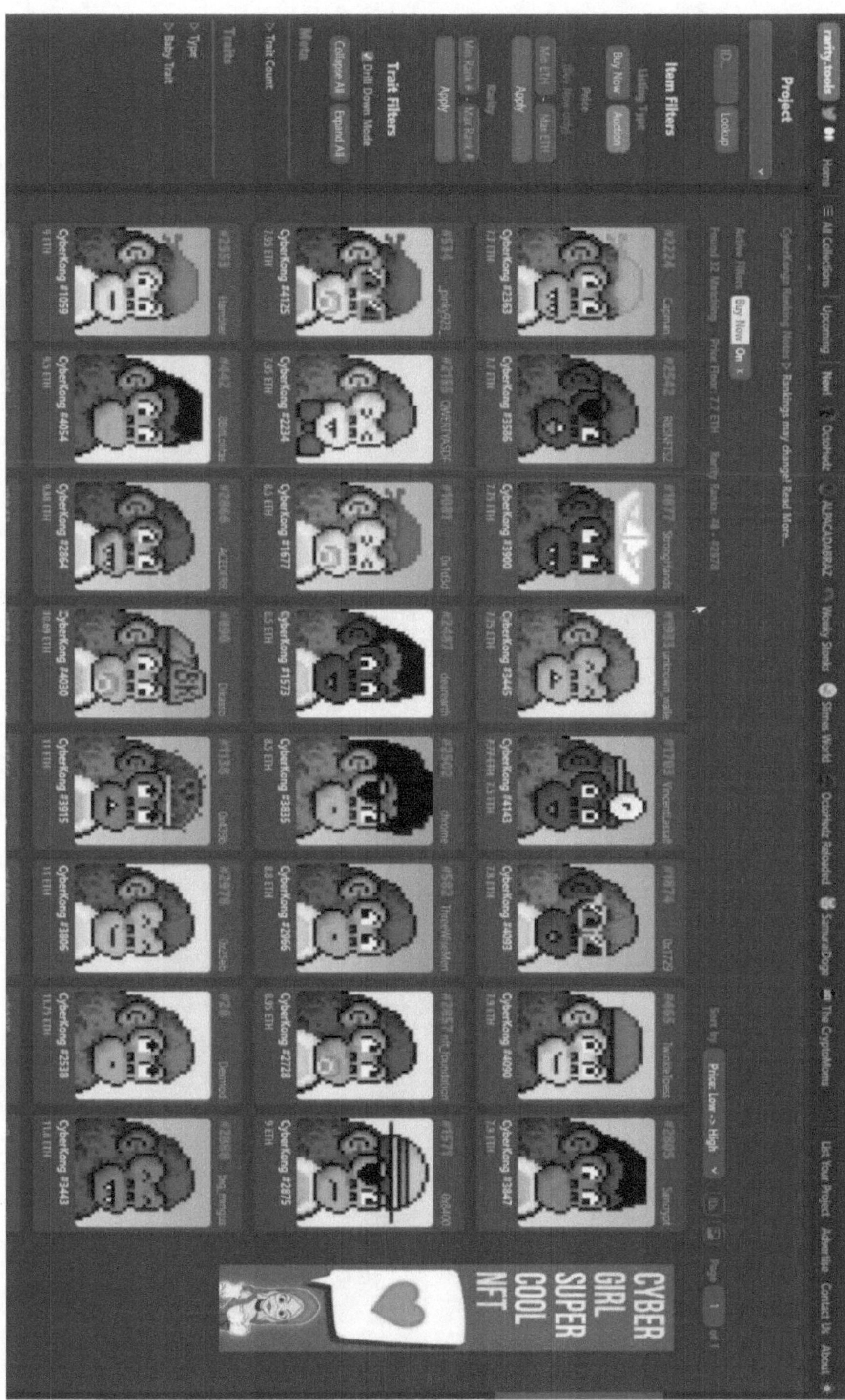
rarity.tools
Project
Item Filters
Trait Filters
CYBER
GIRL
SUPER
COOL
NFT

Preisentwicklung nach dem Public-Sale

Nachfolgend finden Sie einen Screenshot der Bohemian Bulldogs. Die BB waren zu der Zeit erst wenige Tage auf dem Markt, daher ist die Kurve der Durchschnittspreise bei Weitem nicht so extrem wie bei den gezeigten CyberKongz.

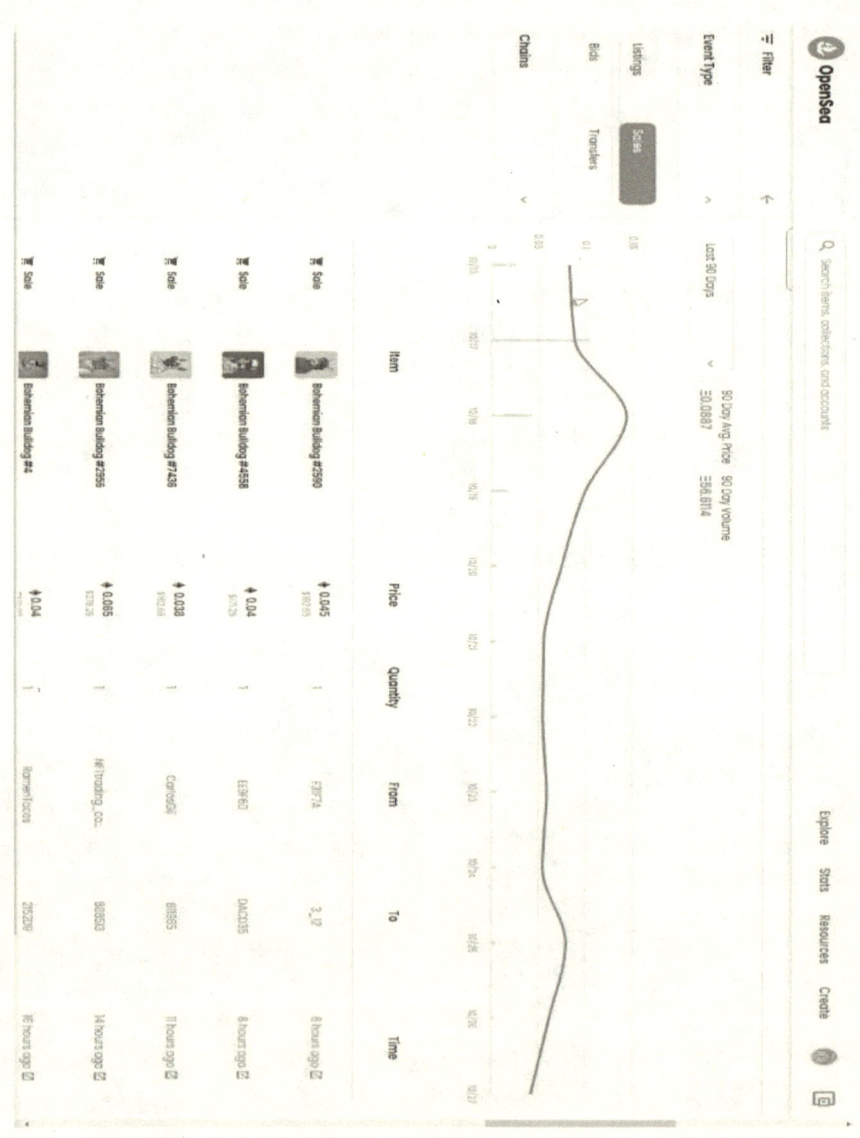

Der Public-Sale startete am 17. Oktober und dauerte 24 Stunden, wobei in dieser Zeit nicht alle BB geminted wurden. Es ist aber schön zu sehen, dass nach dem Public-Sale und der FOMO-Phase die Preise wieder zu sinken begannen.
Auch schön zu sehen, dass in der FOMO Phase die Durchschnittspreise knapp das dreifache des Pre-Sale Preises von 0.05 ETH erreichten.
Obwohl die Bohemian Bulldogs nicht gehyped wurden und auch nach 24 Stunden bei Weitem nicht alle NFTs geminted waren, gab es einige FOMO Käufer, die hohe Preise bezahlten. Soviel zum Thema Flipptrading.

So sollte es nicht aussehen!

Hier ein Beispiel wie die Activity-Kurve nicht aussehen sollte. Auch die Zeiten der jeweiligen Verkäufe lassen nichts Gutes erahnen.

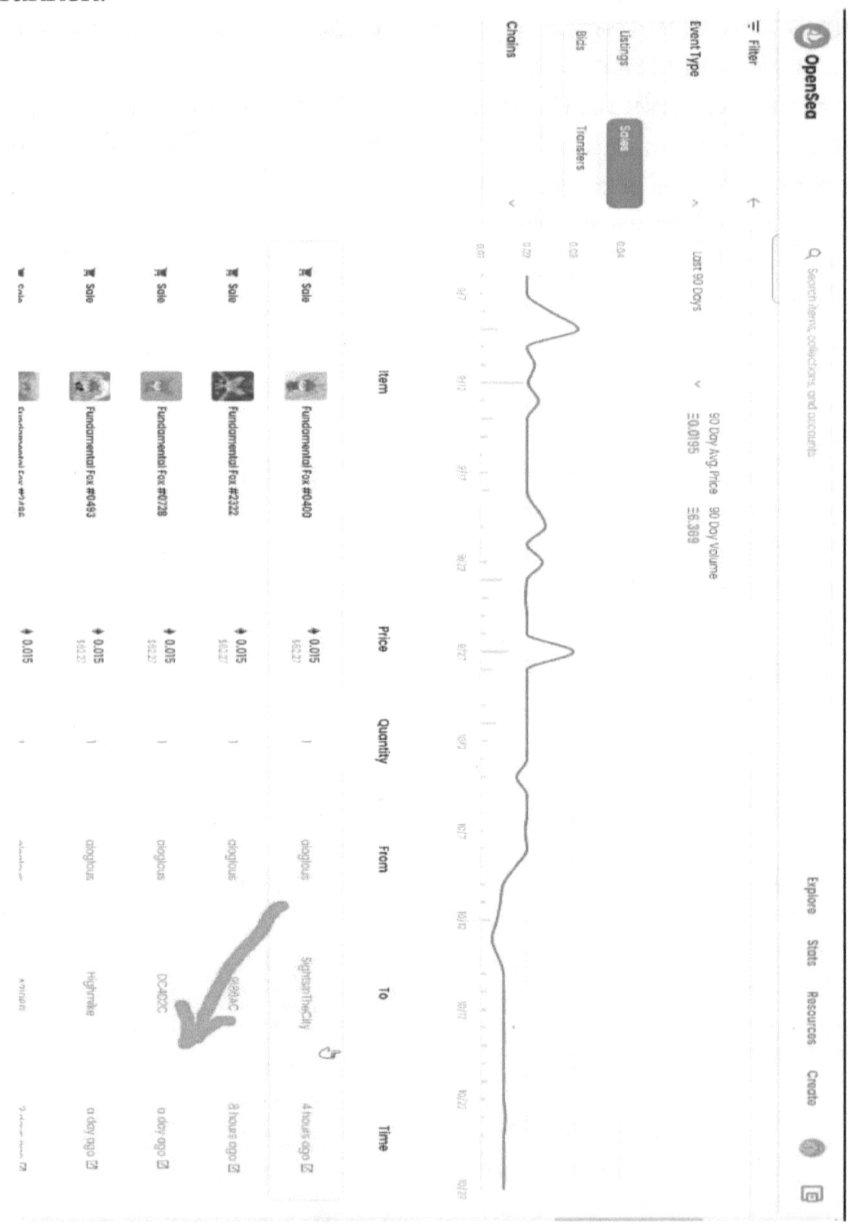

Es ist klar zu erkennen, dass das Projekt am Anfang eine FOMO-Phase hatte und in der ersten Zeit noch halbwegs lief, wobei die Anzahl der Transaktionen eher bescheiden war. In letzter Zeit sanken die Durchschnittspreise und stagnieren auf niedrigem Niveau und das Handelsvolumen ging weiter zurück. Wir sehen auch in der unteren Hälfte der Seite, dass bereits die drittletzte Transaktion schon einen Tag zurückliegt. Demnach sind die Preise immer noch zu hoch und der NFT nahezu wertlos.

FINGER WEG VON SOLCHEN PROJEKTEN!

Selbstredend können Sie sich auch solche Projekte später noch einmal ansehen, möglicherweise hat es sich erholt und nimmt wieder an Fahrt auf. Jedoch zu diesem Zeitpunkt wäre es reine Geldverschwendung eine Investition zu tätigen.

Warum brechen die Durchschnittspreise ein?

Wie Sie bereits gesehen haben, konsolidieren die Durchschnittspreise immer wieder. Sie wissen, dass das mit dem Markt zusammenhängt und ein gutes Zeichen ist. Es gibt noch einen weiteren Grund warum die Preise fallen können. Der Wechselkurs Ether/ US-Dollar.

Jeder Marktteilnehmer rechnet primär mit seiner jeweiligen Landeswährung. Nur mit der Landeswährung kann er seine Rechnungen bezahlen und Lebensmittel einkaufen. Steigt nun der Wert der Handelswährung, in unserem Fall ETH, bezogen auf die Landeswährung, so werden die ETH Preise fallen. Sie benötigen jetzt weniger ETH um auf den Preis in der Landeswährung zu kommen. Darum hat der ETH/ US-Dollar Kurs einen direkten Einfluss auf die NFT Preise, die ausschließlich in ETH angegeben sind. Erschrecken Sie daher nicht, wenn plötzlich die NFT Preise fallen, womöglich hat sich nur der Wechselkurs geändert.

Hier finden Sie die aktuellen Preise sämtlicher Kryptowährungen:

https://www.coingecko.com/de

Sicherheitshinweise

Wie ich schon früher im Buch erwähnte tummeln sich viele Betrüger im Netz und versuchen aus NFT Projekten Kapital zu schlagen. Das reicht von recht plumpen Versuchen bis zu aufwendigen Betrügereien. Nachfolgen möchte ich Ihnen die gängigsten zeigen und was Sie dagegen machen können.

Auf Discord

Sobald Sie Ihren Discord-Server eingerichtet haben werden Ihnen immer wieder Direktnachrichten ins Haus flattern. Viele davon sind Einladungen auf andere Discord-Server. Diese Einladungen resultieren meistens aus dem Bemühen das der Absender auf einen White List Platz will. Der Absender schickt an alle greifbaren Accounts diese Einladungen in der Hoffnung, dass sich der Eingeladene auf diesem Server anmeldet. Somit hätte der Absender einen „Invite" getätigt und die Chance auf einen WL Platz steigt. Diese Nachrichten sind harmlos, im schlimmsten Fall nervig.
Bei Direktnachrichten mit Inhalten ähnlich wie diesem: „Wir sind eine neue Kryptobörse und haben Dir einen Willkommens-Bonus eingerichtet …", sollten Sie extrem vorsichtig sein. Solche Nachrichten immer direkt löschen. Es kann Ihnen grundsätzlich nichts passieren, solange Sie auf keine Links klicken, trotzdem sofort löschen.
Unter den Kanälen auf dem jeweiligen NFT Projekt-Server finden Sie #scams oder #scam-alert. Dort werden alle projektbezogenen Betrugsversuche gespeichert und angezeigt. Sie können Ihrer Community helfen, indem Sie Direktnachrichten von Scamern dort publizieren.

Geben Sie NIEMALS die privaten Schlüssel Ihres Wallets preis! Falls Ihr Wallet aktiviert wird, wenn Sie auf einen Link klicken, NIEMALS auf „Sign" in Ihrem Wallet drücken! Sie würden damit eine Transaktion auslösen oder einen betrügerischen Smart Contract aktivieren!

Twitter

Auf Twitter kann es Ihnen passieren, dass Sie dauernd in irgendeiner Nachricht getagt werden und danach Einladungen von allen möglichen NFT Projekten erhalten. Nicht gefährlich aber zuweilen mühsam. Auch hier versucht jemand auf eine White List zu kommen. Oft soll man auf Twitter einem NFT Projekt folgen, einen Tweet teilen und drei Freunde tagen.

Projektwebseite

Verwenden Sie immer die offiziellen Links, die Sie auf Twitter oder Discord finden! Im Idealfall speichern Sie sich ein Bookmark auf Ihrem Browser. Es kam schon vor, dass Discord Server gehackt wurden und die offiziellen Links nicht mehr korrekt waren. Vergleichen Sie hin und wieder Ihre gespeicherten Adressen mit den Offiziellen. Wenn sich die Endungen .net .com .org oder so geändert haben, fragen Sie nach, was da passiert ist.

Fake NFTs

Es tauchen immer wieder Fake Seiten auf OpenSea auf. Diese Seiten sehen den echten zum Verwechseln ähnlich. Auf den ersten Blick können Sie folgendes überprüfen:

Wie viele Owner werden angezeigt?

Meistens gibt es nur ganz wenige Besitzer, manchmal nur einen. Wenn dem so ist, ist es eine Fake Seite.

Wie viele Items werden angezeigt?

Vergleichen Sie die Anzahl der geminteten NFTs mit der tatsächlichen Zahl. Die richtige Zahl finden Sie auf dem Discord-Server des Projektes, wenn nicht, fragen Sie nach.

Smart Contract

Jetzt wird es etwas technischer. Ich versuche Sie da durchzuschleusen. Etwas weiter vorne haben Sie erfahren wie Sie die Seltenheit eines ausgewählten NFTs herausfinden können (NFT spezifische Informationen). Unter dem Menü „Properties" finden Sie ein Menü „Details". Dort klicken Sie darauf und finden an oberster Stelle: Contract Adress und eine hellblaue Zahl dahinter. Wenn Sie diese Zahl anklicken öffnet sich ein neues Browser-Fenster und Sie befinden sich auf Etherscan.

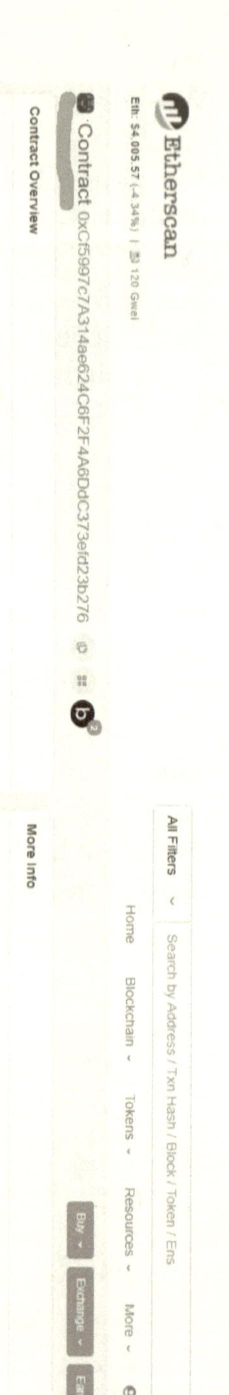
Etherscan
Eth: $4,005.57 (-4.34%) | 120 Gwei
All Filters
Search by Address / Txn Hash / Block / Token / Ens
Home Blockchain Tokens Resources More Sign In
Buy Exchange Earn Gaming
Contract 0xCf5997c7A314ae624C6F2F4A6DdC373efd23b276
Contract Overview
Balance: 3.256212755 Ether
Value: $13,044.62 (@ $4,005.57/ETH)
Token:
More Info
My Name Tag: Not Available, login to update
Creator: 0x5d70bd25c3ce7ee3f9... at txn 0x5cbf4c0765ebabe8e9...
Tracker: Bohemian Bulldogs (BB)
Transactions Internal Txns Erc721 Token Txns Contract Events Analytics Comments
Code Read Contract Write Contract
Search Source Code
Contract Source Code Verified (Exact Match)
Contract Name: BohemianBulldogs
Optimization Enabled: No with 200 runs
Compiler Version v0.8.9+commit.e5eed63a
Other Settings: default evmVersion, MIT license
Contract Source Code (Solidity)
Outline More Options
/**
*Submitted for verification at Etherscan.io on 2021-10-15
*/
// SPDX-License-Identifier: MIT
// File: @openzeppelin/contracts/utils/Counters.sol
pragma solidity ^0.8.0;
/**
* @title Counters
* @author Matt Condon (@shrugs)

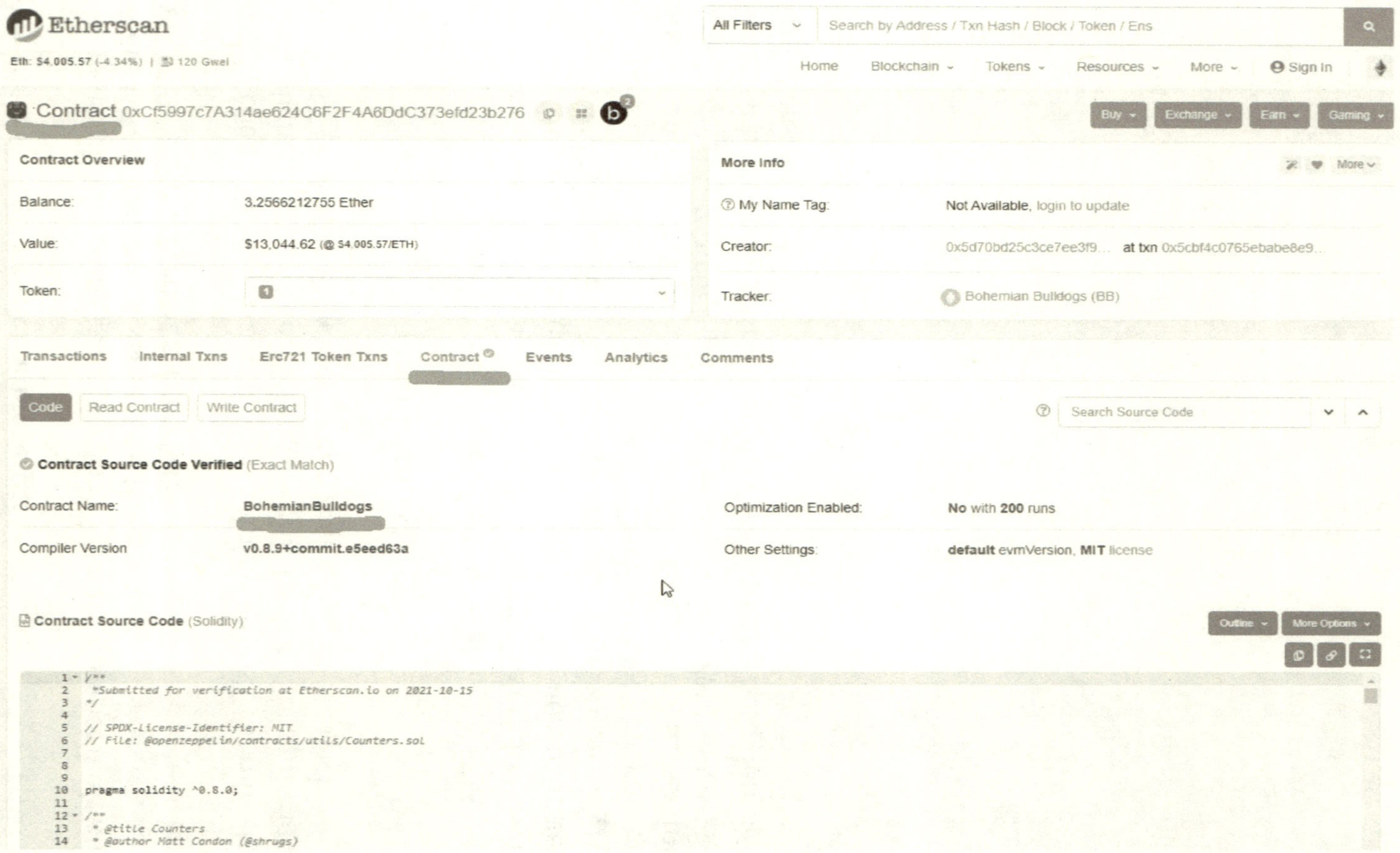

Oben rechts sehen Sie die Smart Contract Adresse. Mit diesem Smart Contract wurden alle NFTs des Projektes gemintet. Gehen Sie nun im rechten Drittel der Seite auf den Reiter Contract und klicken Sie darauf. Nun sehen Sie den Contract Namen, in diesem Beispiel Bohemian Bulldogs.

Die richtige Smart Contract Adresse wird auf Discord veröffentlicht. Meistens auf dem Kanal #announcements oder auf #mint, jedenfalls dort, wo die Informationen zum Mintingprozess zu finden sind. Falls Sie sie nicht finden, fragen Sie im Chat nach. Mit diesen Informationen können Sie nun die Smart Contract Adressen vergleichen. Stimmt die Adresse nicht mit der offiziellen überein befinden Sie sich auf einer Fake Seite.
Ein weiterer Hinweis ist das kleine grüne Häkchen beim Reiter „Contract". Ist ein Häkchen zu sehen, so wurde der Smart Contract geprüft und ist in Ordnung. Ist dort kein grünes Häkchen zu sehen, so ist der Smart Contract nicht von OpenSea verifiziert.
Es gibt immer wieder Projekte die ihren Smart Contract nicht verifiziert haben und trotzdem die richtigen sind. Sie sollten in diesen Fällen auf jeden Fall nachfragen, ob diese Adresse die Richtige ist.

Mit dieser Methode können Sie auch jederzeit die Echtheit Ihrer Kunst NFTs überprüfen 😉

Somit sind Sie fürs Erste gewappnet und können die gängigsten Scams entlarven. Bleiben Sie trotzdem immer aufmerksam, die Betrüger schlafen nicht und finden immer wieder neue Wege. Mit gesundem Menschenverstand und diesen Tipps kommen Sie jedoch gut über die Runden.

Gaming NFTs und virtuelle Grundstücke

Bei den Gaming NFTs können Sie das bis jetzt gelernte ebenfalls anwenden. Beim Gaming ist es wichtig, dass das Projekt viele Community Mitglieder hat und das Spiel beliebt ist. All die nötigen Informationen finden Sie auf OpenSea und auf den jeweiligen Twitter und Discord Kanälen.
Mit den Gaming NFTs sollten Sie sich nur beschäftigen, wenn Sie das Spiel genau kennen oder sogar selbst spielen. Wenn Sie mit Online-Spielen nichts am Hut haben, lassen Sie es. Für Außenstehende ist sehr schwierig zu durchschauen, welche Attribute die diversen Spielfiguren haben müssen. Mehr Magie, mehr Energie, mehr Schutz oder mehr von allem. Es ist auch schwierig zu beurteilen, was eine gute „Magiezahl" ist oder wie hoch muss ein brauchbarer „Power Level" sein. Das sind alles Fragen die Ihnen nur ein eingefleischter Spieler beantworten können, unglücklicherweise bin ich keiner.

Anders sieht das bei den virtuellen Welten aus. Zu den obengenannten Kriterien kommen noch ein paar weitere dazu. Lage, Lage, Lage! Wie im richtigen Leben geht es auch in den virtuellen Welten um die Lage des Grundstückes. Dazu gesellen sich, wo möglich, die Größe und die Bauhöhe. (Cryptovoxels)
Gesucht sind immer die Grundstücke in Zentrumsnähe oder in unmittelbarer Nachbarschaft zu angesagten Bezirken. Auf Decentraland ist ein Straßenanschluss auch nicht verkehrt. In Decentraland finden Sie viele unterschiedliche Bezirke. Fashion District, Dragon City, The Crypto Valley und Altix City um nur einige zu nennen. Mittlerweile können Sie sich in Decentraland auch ohne MetaMask Wallet frei bewegen. Sehen Sie sich um und suchen Sie sich eine nette Ecke, wo Sie ein Grundstück erwerben möchten.

Bei The Sandbox wird man seine Grundstücke zukünftig vermieten können, sobald es möglich ist die Welt zu betreten. Es ist möglich, dass das in Zukunft auch bei Cryptovoxels und Decentraland funktionieren wird. In diesem Fall kann es interessant werden ein Grundstück zu besitzen und dadurch passives Einkommen zu generieren.
Mittlerweile haben die Grundstückspreise überall stark angezogen. In The Sandbox müssen Sie mit etwa 0.2- 0.5 ETH rechnen. In Cryptovoxels ab 2 ETH und auf Decentraland liegt der Floor bei rund 1.1 ETH. (Okt.21)
In jedem Fall ist es keine günstige Angelegenheit mehr und nur für ein langfristiges Investment mit mindestens zwei Jahren Laufzeit geeignet, zumindest meiner Meinung nach.

NFT Bilder und Kunstwerke

Sie finden Kunstwerke nahezu auf jedem gängigen NFT Marktplatz, natürlich auch auf OpenSea. Wenn Sie auf OS etwas finden das Ihnen gefällt, wenden Sie das gelernt an falls Sie das Bild gewinnbringend wieder veräußern wollen. Oder kaufen Sie es einfach, weil es Ihnen gefällt. Das Problem auf OpenSea ist, dass das Angebot riesig ist und es zuweilen ewig dauern kann bis Sie etwas Ansprechendes finden.
Wenn Sie jedoch wirklich an Kunst interessiert sind, empfehle ich Ihnen MakersPlace, Nifty Gateway oder SuperRare. Die Reihenfolge entspricht exakt meiner Beliebtheitsskala.
Wo liegen die Vorteile dieser Börsen?
Auf diesen Börsen kann nicht jeder einfach so seine Bilder dropen und verkaufen. Die Kunstwerke, die Sie auf diesen Börsen finden wurden schon kuratiert. Das spiegelt sich auch im Preis der Werke wider. Somit sind auf diesen Börsen nur NFT Künstler vertreten die sich bereits einen Namen gemacht haben oder so tolle Arbeiten abgeliefert haben, dass sie Zugang zu den Börsen erhielten.

Auf MakersPlace und Nifty Gateway können Sie auch mit einer Kredit- oder Debitkarte bezahlen und brauchen nicht unbedingt ein Ethereum Wallet. Sie müssen jedoch berücksichtigen, dass wenn Sie mit US-Dollar gekauft haben, nur gegen US-Dollar wieder verkaufen können. Dasselbe gilt für Käufe mit ETH.
Alle der drei genannten Börsen bieten Ihnen Charts, Transaktionslisten und weitere Werkzeuge mit denen Sie sich einen Überblick über die jeweiligen Kunstwerke und Künstler verschaffen können. Auch hier hilft Ihnen das bereits gelernte weiter.
Informationen über Künstler und deren Werdegang finden Sie am einfachsten über eine Google-Suche.
Was mir bei Kunst NFTs ganz wichtig erscheint, ist die eigene Freude an den Kunstwerken. Wenn Sie keine Freude empfinden beim Anblick Ihrer NFTs, dann sollten Sie besser Abstand nehmen und woanders investieren.
Den Anlagehorizont bei Kunst NFTs sehe ich persönlich bei mindestens zwei Jahren, außer Sie konnten bei einer Open Edition mehrere Editionen ergattern. Somit können Sie natürlich umgehend mit dem Verkauf beginnen, möglicherweise hilft Ihnen die bereits gezeigte Strategie.

Seien Sie sich bewusst, dass diese Märkte noch illiquider sind als die Collectibles!

Sie sind vornehmlich an die Handelsplattformen gebunden. Es ist nicht möglich auf Nifty Gateway ein Kunstwerk zu kaufen und auf MakersPlace wieder zu verkaufen. Das funktioniert nicht. Der Handel findet nur auf den jeweiligen Börsen statt.

Verwertungsrechte

Ich möchte in diesem Abschnitt noch kurz auf die Rechte eingehen, die Sie mit einem NFT erwerben.

Grundsätzlich besitzen Sie nur die Rechte für den privaten Gebrauch.

Sie können sich, so wie ich, Ihre Kunstwerke ausdrucken oder auf einen Keilrahmen spannen lassen und die Bilder bei sich zu Hause aufhängen. So haben auch Ihre Gäste etwas von den NFTs.
Einige Projekte, wie zum Beispiel HashMasks, geben Ihnen die kommerziellen Rechte dazu. Das bedeutet, sie können sich T-Shirts, Tassen usw. mit dem NFT Bild machen lassen und diese verkaufen. Sie möchten eine HashMask als Firmenlogo? Auch kein Problem, das dürfen Sie.
Es gibt immer mehr NFT Projekte die Ihnen die kommerziellen Rechte mit verkaufen aber die sind noch in der Minderheit. Bei den Kunstwerken ist mir keines bekannt.
Fragen Sie bitte immer erst nach, ob Sie den jeweiligen NFT kommerziell nutzen dürfen. Viele Projekt-Teams denken gar nicht an diese Frage, haben aber zuweilen keine Einwände gegen die kommerzielle Nutzung.

Sichere Aufbewahrung

Je nachdem wie sich Ihre NFT Sammlung entwickelt, kann es in absehbarer Zeit um viel Geld gehen. Die Frage stellt sich somit, wie Sie Ihre NFTs sicher abspeichern können und somit vor Diebstahl schützen?
In diesem Kapitel möchte ich Ihnen das Thema Sicherheit näherbringen und Ihnen aufzeigen wie ich dieses Thema handhabe.

Es lässt sich feststellen, das wir zwei gegensätzliche Aufgaben unter einen Hut bringen müssen.
Ein Ethereum Wallet auf das wir blitzschnell zugreifen können müssen um bei einem Public-Sale keine Zeit zu verlieren und Transaktionen schnell bestätigen können.
Ein Ethereum Wallet das durch ein Hardware-Wallet geschützt ist und ein Eindringen von außen unmöglich macht, jedoch langsam in der Handhabung ist.

MetaMask

Das wohl am häufigsten verwendete Wallet ist Metamask.
Wie ich früher im Buch schon beschrieben habe, ist Metamask eine Browser-Extension für Chrome, Brave, Firefox und Apple. Mag sein, dass es auch für andere Anbieter funktioniert, doch das weiß ich nicht.
Das MM Wallet ist durch eine sogenannte Seed-Phrase geschützt. Der Seed-Phrase besteht aus zwölf Wörtern und beim erstmaligen Installieren von MM werde Sie aufgefordert diese zwölf Wörter zu notieren.

Das müssen Sie unbedingt machen und die Wortfolge sicher verwahren!

Mit diesen zwölf Wörtern können Sie Ihr Wallet jederzeit wieder herstellen. Sei dies, weil Sie einen neuen Rechner gekauft haben, das Wallet auch auf dem Laptop verwenden möchten oder weil Sie Ihren Rechner neu aufsetzen müssen.

Falls Sie die zwölf Wörter verlieren haben Sie keinen Zugriff mehr, falls Ihr Rechner abstürzt oder Ihr Laptop abhandenkommt!

Ich bitte Sie, dass ernst zu nehmen. Es kann Ihnen niemand helfen Ihr Wallet wieder herzustellen, wenn der Seed-Phrase weg ist. Somit ist alles was auf Ihrem Wallet liegt verloren, **ALLES!**

Genug Worte der Warnung. Auf Ihrem MM Wallet richten Sie sich nun zwei Adressen ein. Wie das funktioniert erfahren Sie in diversen YouTube Videos und Forenbeiträgen.
Die passenden Links finden Sie am Ende des Buches.
Warum zwei Adressen?
Es kommt vor das ein NFT Projekt nur zwei NFTs pro Adresse zulässt, besonders bei stark gehypten NFT Projekten ist das der Fall. So wird verhindert das jemand während dem Pre-Sale zehn oder noch mehr NFTs minted und andere Minter dadurch leer ausgehen. Wenn Sie zwei Adressen parat haben können Sie zumindest vier NFTs minten.
Bei den Public-Sales wird dieses Limit normalerweise angehoben damit möglichst alle NFTs verkauft werden.
Diese zwei Adressen müssen demnach schnell zu bedienen sein um in stressigen Situationen schnell kaufen und verkaufen zu können.
Das MetaMask Wallet ist grundsätzlich sicher, trotzdem empfiehlt es sich, NFTs die Sie halten möchten noch sicherer zu verwahren.

Hardware Wallet

Hier kommen die Hardware Wallets ins Spiel. Ein Hardware Wallet speichert Ihre NFTs gewissermaßen offline und sieht entfernt wie ein USB-Stick mit einem kleinen Bildschirm aus. Ein Hardware-Wallet verbindet sich nie mit dem Internet, sondern bestätigt nur Anfragen aus dem Internet. Das können Sie sich in etwa so vorstellen. Eine Anwendung fragt, ob Sie berechtigt sind eine Transaktion zu tätigen. Das Hardware Wallet bestätigt mit ein JA oder mit einem NEIN.

Alle wichtigen Daten sind auf dem Hardware Wallet gespeichert und werden nie ausgelesen. Das Hard Ware Wallet vergleicht nur die gespeicherten Angaben mit denen der Anfrage und befindet diese für richtig oder eben nicht.

Somit sind die Daten auf einem Hardware Wallet hervorragend geschützt.

Der Nachteil ist, dass Sie jede Anfrage auf dem Hardware Wallet manuell bestätigen müssen.

Wenn die Transaktion abgeschlossen ist, stecken Sie das Hardware Wallet aus und können es zum Beispiel in Ihren Tresor legen.

Die Frage ist jetzt ob wir diese zwei Wallet Arten miteinander kombinieren können? Ja, das geht auch über Metamask.

Hardware Wallet und MetaMask

Genauso wie Sie auf MetaMask zwei unterschiedliche Adressen eingerichtet haben, können Sie auch ein Hardware Wallet einrichten. Sie erhalten wieder eine neue eigene Adresse nur wird diese jetzt mit dem Hardware Wallet verknüpft. Somit sehen Sie auf MetaMask was auf dieser Adresse gespeichert ist und können sich das auch ansehen. Möchten Sie aber einen NFT verkaufen, müssen Sie das Hardware Wallet anschließen und darauf die Transaktionen bestätigen.

Möchten Sie nun einen NFT von Ihrer Adresse die Sie zum minten verwenden auf das Hardware Wallet senden, so können Sie das direkt auf Metamask machen. Beachten Sie dabei aber das Transaktionsgebühren anfallen, wenn Sie einen NFT auf eine andere Adresse senden wollen. Je nach Auslastung der Ethereum Blockchain kann das teuer werden.

Bei geringer oder normaler Auslastung kostet es zwischen 10.- und 30.- US-Dollar, bei starker Auslastung können es über 100.- US-Dollar sein. Das MetaMask Wallet zeigt Ihnen an wie hoch die Transaktionsgebühren zurzeit sind. Sind sie zu hoch können Sie die Transaktion abbrechen und warten bis die Gebühren wieder sinken.

Zum Schluss

Ich hoffe ich konnte Ihnen mit diesem Buch ein nützliches Werkzeug an die Hand geben und Ihnen den Einstieg in die Non Fungible Token erleichtern. Es ist mir bewusst, dass es noch viele weitere Informationen da draußen gibt und das noch ganz viele andere berechtigte Meinungen vertreten werden, das ist gut so und soll auch so sein.
Mir geht es ausschließlich darum Ihnen den Weg zu ebnen und ein Basiswissen zu vermitteln.
Auf Ihrem Weg werden Sie Strategien anpassen, komplett über Bord werfen und ganz andere Ansätze ausprobieren. Genau wie im realen Leben werden Sie an Erfahrung gewinnen und sich immer sicherer fühlen.
Ich hoffe Sie sehen die NFTs nicht nur als reine Spekulationsobjekte, sondern können sich auch mit den zugrunde liegenden Projekten anfreunden und sich daran erfreuen.
Sie werden viele Menschen aus der ganzen Welt kennenlernen, Erfahrungen und Informationen austauschen und möglicherweise den einen oder anderen auch real treffen.

Ich wünsche Ihnen alles Gute und viel Freude auf Ihrer Reise durch die Welt der NFTs.

Daniel Müller

Hilfreiche Links und weiterführende Informationen

Twitter Accounts

@24K_TEGS

@albebarn

@AndrewSteinwold

@branndonNFT

@garyvee

@hotmonkeydeals

@NFT1nsight

@pranksy

@The_BTC_express

@tradingcrashes

@WhaleShark_pro

Börsen

Kunst NFTs

https://makersplace.com/

https://niftygateway.com/

https://superrare.com/

Collectibles

https://opensea.io/

https://rarible.com/

https://market.x.immutable.com/

Non ETH

https://orica.io/

http://mercafantasy.com/

https://ghostmarket.io/

https://wdny.io/

Webseiten NFT

https://rarity.tools/

https://nftnow.com/

https://www.nftculture.com/

https://playtoearn.net/blockchaingames

https://www.playtoearn.online/

https://dezentralizedfinance.com/best-25-nft-newsletter/

YouTube Kanäle NFT

https://www.youtube.com/c/deZentraleat

https://www.youtube.com/c/TheBitcoinExpress

https://www.youtube.com/c/CrashTrading

https://www.youtube.com/channel/UCZXeoZbMUmw9Vey
AuvhxRwA

Nützliche Informationen und Produkte

MetaMask Tutorial engl.

https://www.youtube.com/watch?v=yWfZnjkhhhg

MetaMask Tutorial dt.

https://www.youtube.com/watch?v=7KO2Ttbqcj4

https://medium.com/@judithESSS/loslegen-mit-ethereum-teil-2-metamask-installieren-einrichten-und-benutzen-b9a5025072

Hardware Wallet

Mein bevorzugtes Wallet

https://trezor.io/

Alternativen

https://www.ledger.com/

https://blockgeeks.com/guides/best-hardware-wallets-comparative-list-blockgeeks/

Bildnachweise
Quellen und Besitzer

Crypto Punk
#7523
OpenSea
Besitzer
0x405b96e2538ac85ee862e332fa634b158d013ae1

Inner Light
By stuz0r
Rarible
Besitzer
0x87f0C27832Ffa171c18cf1Ba9825Fde411da1aC7

Crypto Punk
#4184
OpenSea
Besitzer
ACSez

The Exotik Gentlemen Society
FF #41
OpenSea
Besitzer
0knowlege

Gods Unchained
Halloweed Keeper # 163 44 438
Immutable X
Besitzer
Unbekannt

Guild of Gardians Hereos Gwynn
Immutable X
Besitzer
Unbekannt

Guild of Gardians Other Energy Token
Immutable X
Besitzer
Unbekannt

Ausschnitt aus Mid Town in Cryptovoxels
Cryptovoxels
Besitzer
Daniel Müller

Ein Gebäude in Decentraland
Decentraland
Besitzer
Daniel Müller

The Exotic Gentlemen Society FF #344
OpenSea
Besitzer
0knowlege

CyberKongz Dr Covid #2019
OpenSea
Besitzer
DrNifty

Moonshot Garage Project
Immutable X
Besitzer
Unbekannt

Encode Graphics
Profilbild Nifty Gateway
Besitzer
Encode Graphics

Pascal Blanche´
Profilbild MakersPlace
Besitzer
Pascal Blanche´

Decentraland
Website Logo
Besitzer
Decentraland

Cryptovoxels
Screenshot
Von
Daniel Müller

Discord TEGS
Screenshot
Von
Daniel Müller

OpenSea
Alle Bilder von OpenSea
sind Screenshots
Von
Daniel Müller

Rarity.tools
Screenshot
von
Daniel Müller

Etherscan
Screenshot
von
Daniel Müller

Sämtliche Bilder in diesem Buch stammen von öffentlich zugänglichen Quellen.
Die Bilder dienen ausschließlich der Information, respektive der Illustration.
Es werden weder private noch kommerzielle Ziele verfolgt und angestrebt.

www.ingramcontent.com/pod-product-compliance
Lightning Source LLC
LaVergne TN
LVHW041127150826
845673LV00007B/2202

* 9 7 9 8 7 5 6 5 1 3 8 1 3 *